발견하는 마음

발견하는 마음

봄동이 엮음

작은 출판사에서 태어난 아름다운 글 111

헤윰터

기획의 말

안녕하세요, 저는 1인 출판사 '책나물'을 운영하며 프리랜서 편집자로 살아가는 봄동이입니다. "노지(露地)에서 겨울을 보내어, 속이 들지 못한 배추. 잎이 옆으로 퍼진 모양이며, 달고 씹히는 맛이 있다." 국립국어원 표준국어대사전 속 '봄동'에 대한 뜻풀이입니다. 겨울 추위 속에서 제대로 자라지 못했음에도 그렇게 맛있다니! 어쩐지 고단한 삶 속에서도 잘 자란 스스로와 포개보며 저는 온라인상에서 출판편집자인 저의 이름을 '봄동이'로 정했습니다.

저는 문학 편집자로 오래 일하다 퇴사한 후 출판사를 창업했는데요. 월급 받는 편집자일 때는 집과 회사만을 오가던 사람이라서 출판계에 아는 사람이 없었어요. 회사 밖으로 나오고서야 책을 둘러싼 많은 동료를 만날 수 있었습니다. 혜윰터 이세연 대표님도 그중 한 사람이었고요. 대표님은 필사책을 내고 싶다 하셨고, 그러면 저는 작은 출판사에서 출간된 책들 속 문장을 골라서 만들어보는 건 어떨지 의견을 드렸어요. 작은 출판사에서 출간된 좋은 책들이 참 많은데, 어쩐지 독자분들에게 가닿지 못한 채 사라지는 경우가 많다는 생각에 종종 쓸쓸해질 때가 있었거든요. 대표님은 좋은 아이디어라고 반가워했습니다. 그렇게 제가 기획자이자 편집자가 되고, 혜윰터가 제작·출간을 맡은 이 책 『발견하는 마음』이 탄생하게 되었습니다.

평소 그 열정에 감탄하며 교류가 있었던 출판사뿐만 아니라 남몰래 응원하던 출판사에도 이번 기회에 '팬심'을 담아 섭외 메일을 보냈습니다. 여러 메일이 오가며 총 24곳의 출판사가 이 책에 함께했습니다. 출판사 대표님과 저자, 역자 분들의 도움이 아니었더라면 이 책은 존재할 수 없었을 거예요. 진심으로 감사합니다. 멋진 디자인으로 책을 빛내준 디자이너님에게도 감사의 인사를 전합니다.

본문은 총 네 부로 구성하였습니다.
사랑은 참 흔한 단어이지만 때로 그 단어 말고 다른 단어를 떠올릴 수 없는 순간이 있다 생각합니다. 사랑이 어떤 얼굴을 하고 우리 곁에 머물고 있는지 보여주는 문장들을 골라 '1부. 사랑의 얼굴'에 넣었습니다.
저는 '나'라는 단어도 '생활'이라는 단어도 좋아하는데요. 두 단어의 무게와 깊이를 말해주는 문장들을 골라 '2부. 나와 생활'에 넣으며, 제 삶도 돌아보았습니다. 독자님도 이 부에 쓰인 글들을 필사해보면서 더 나은 생활에 한 발짝 다가갈 수 있기를 바라는 마음입니다.
'3부. 읽고 쓰는 사람들'에서는 책, 글쓰기, 책방 등과 관련한 문장들을 담았습니다. 책으로 밥벌이를 하는 사람으로서 읽는 마음과 쓰는 마음, 그것을 함께 나누는 마음을 지켜볼 때면 어쩐지 애틋해집니다.
'나, 너, 우리.' 초등학교 1학년에 입학했을 때 처음 배웠던 말을 떠올려봅니다. 우리는 서로를 발견하고 서로의 곁이 되어주며 연결된다고 믿습니다. 그러한 마음으로 '4부. 연결되는 우리'에 넣을 문장들을 골랐습니다.
본문 뒤쪽에는 함께해준 출판사의 간략한 소개를 넣었습니다. 이 책이 다른 출판사의 좋은 책들을 만나는 데에 연결고리가 되면 아주 기쁠 듯합니다.

필사책을 만드는 게 처음이다 보니 여러모로 미흡한 점이 많았는데요. 출판사 대표님들의 조언과 격려가 큰 힘이 되었습니다. 주고받는 메일 속에서 대표님들의 일하는 방식을 경험하고 배우게 되기도 했고요. 한 출판사 대표님은 '작은 출판사/1인 출판사'라는 단어 안에 우리를, 콘텐츠를 갇히게 하는 건 아닐까 하는 우려의 말씀도 건네주었는데요. 그래도 우리 출판사 책이 빠지면 섭섭하겠다며 기쁜 마음으로 참여해주시겠다고 한 대표님 덕분에 더욱 기운을 낼 수 있었음을 고백합니다. 그 대표님 말씀처럼 다들 여느 출판사 못지않게 정성스럽게 멋진 책을 만들고 있다는 것을 새삼 깨달을 수 있었습니다.

수많은 출판사의 협업으로 태어난 『발견하는 마음』이 이야기를 좋아하고 책을 사랑하는 많은 독자분들에게 가닿기를 바라며 이 글을 마칩니다.

기획의 말 005

1부. 사랑의 얼굴

어린 시절 엄마는 014 · 엄마를 생각하는 내 얼굴에는 016 ·
좋다, 좋다, 참 좋다 018 · 그 순간, 가슴이 터질 듯한 감동에 020 ·
사랑은 자신을 잊고 022 · 어제는 하나랑 집에 가는 길에 024 ·
엄마!! 026 · 불행한지 물어봐도 돼? 028 · 그래도 우리 둘이 030 ·
'사랑'이라는 그 마법의 말을 032 · 이 깨달음의 문턱을 넘어간 사람은 034 ·
모르긴 몰라도 솔직해지는 '용기'만큼은 036 ·
그렇게 그날로 '괜찮아, 잘하고 있어'는 038 ·
아이들이 가장 예쁠 때가 항상 지금이듯 040 · 먼발치에서 은근한 응원을 042 ·
찬찬한 걸음이나 가벼운 걸음을 044 ·
우리가 얻는 기쁨이 거대한 것은 아닐지라도 046 ·
한걸음에 온 듯 별안간 민들레꽃이 048 · 그리움을 손으로 만질 수 있다면 050 ·
너희는 질 거야 052 · 엄마의 바지런한 손길이 054 ·
나는 매사 확신하길 주저하고 056 · 사회의 눈치를 보는 건 058 ·
다른 사람에 대해 알아가는 일 060 ·
관계는 본질적으로 깊어지면 깊어질수록 062 ·
주위 사람에 대한 사랑도 없는데 064 · 나는 농담 반 진담 반으로 066

2부. 나와 생활

물론 누구나 각자 자기 삶에 070 · 사람이 싫어지려고 할 땐 · 072 ·
습관은 자연에서 자라는 식물과 074 · 기분 좋은 날 오후에 마시는 차 076 ·
하나 확신하는 건 078 · 그대의 가장 좋은 친구는 바로 080 ·
11시가 되면 서둘러 방으로 출근 082 · 한동안 서점가에서 084 ·
그러나 한 가지 깨달은 건 086 · 가끔 꿈이 없다고 말하는 이들을 만나면 088 ·
어디로 가야 하는지 모르는 사람은 090 · 혼자 먹는 밥일수록 092 ·
아직도 사고 후유증에서 094 · 하나 더 바보 같은 일에 관해 말하자면 096 ·
행복의 이면에 불행이 있고 098 · 삶에서 거리를 둬야 하는 사람 100 ·
오늘부터 새롭게 태어나는 거야 102 · 삶은 쉽지 않지 104 ·
오랜 시간 차곡차곡 모아온 스크랩북 106 · 나이 듦은 감정이라는 말 108 ·
산책하는 시간으로 옳은 시간 110 · 여장을 부리려 잠시 들른 한낮의 숙소 112 ·
적당한 피로와 설렘이 공존하는 오후 한 시 114 ·
소중함을 알고 그 소중함에 기대어 116 · 내가 말하는 사장이란 118 ·
나는 힘들고 어려운 일과 마주칠 때마다 120 · 무언가 된다는 것 122 ·
제 생각엔 전 정말 스스로를 124

3부. 읽고 쓰는 사람들

가장 낮은 자리에서 살아가는 평범한 사람들 128 ·
나는 책이라는 오랜 지혜의 타임머신을 타고 130 ·
외로움에서 허우적댈 때, 책은 132 ·
처음부터 능숙하고 무엇이든 잘하는 사람보다는 134 ·
봄부터 혼자인 삶으로 돌아간다 136 · 글이 진실해야만 삶이 글에 스미고 138 ·
인스타그램에는 사연들이 넘쳐났다 140 ·
우리가 글을 잘 쓰고 싶다고 생각할 때 142 · 문학상을 받은 뒤 144 ·
당신을 감동시키고 146 · 책방 마당 옆 담벼락에 예쁜 벽화가 148 ·
이따금 나는 이런 상상을 해본다 150 · 당시 썼던 글에 152 ·
나는 왜 글을 쓰는가? 154 · 인간의 내면에는 어두운 측면도 있지만 156 ·
내가 통과한 타인이 158 · 내가 스스로 뿌리내리지 않고 160 ·
나를 사랑하자 162 · 중도에 포기하지 않고 꾸준히 글을 쓰려면 164 ·
고개를 들어 세상을 바라보게 하는 것 166 · 왜 그는 불멸할 작품을 168 ·
삶은, 그리고 사랑은 170 · 솔직히 책상머리에 앉아 172 · 글쓰기는 174 ·
쉬운 마음으로 작가가 되고 싶었다 176 ·
우리에겐 한 마디 설교나 잠언보다, 한 편의 이야기가 178 ·
책방은 책만 파는 가게가 아니다 180 · 변두리에도 삶이 있다 182 ·
책의 뒤에는 오늘도 184 · 책은 혼자가 아니라는 사실을 알게 해줍니다 186

4부. 연결되는 우리

크게 빛나지도, 모나지도 않은 것이 **190** · 왜 소수자를 보호해야 하냐고? **192** ·
아침저녁으로는 춥고 낮엔 덥다 **194** · 밭을 가꾸다 보면 **196** ·
어떤 공감은 구원이 됩니다 **198** · 우동의 가장 큰 매력은 단순함 **200** ·
다 포기하고 싶고 환멸을 느낄 때도 **202** · 좋은 것이 찾아왔을 때는 **204** ·
좋은 에너지는 나를 통해 반드시 다른 사람에게 **206** ·
가끔 다른 사람의 신발을 신어본다 **208** · 마흔이 넘어서 사귀는 우정은 **210** ·
달리다 보면 **212** · 나는 우주비행 훈련을 받았으며 **214** ·
절묘하게 아름다운 것은 무엇이든 **216** · 퇴근길 버스 **218** ·
수많은 질문과 기다림 끝에 **220** ·
우리한테는 우리를 둘러싼 마을과 숲과 들과 하늘이 **222** ·
비정상을 정상으로 바꾸려는 노력 **224** ·
우리 회사 앞에서도 사람들이 데모를 한다 **226** · 너는 아비와 어미가 **228** ·
정치가 싫어서 **230** · 언제까지 죽지 못해서 이 짓을 할 거예요? **232** ·
겨울은 우리 안의 장식적인 것을 모두 걷어낸다 **234** ·
석양은 불타오르지만 아무것도 태우지 않았다 **236** ·
'기어이'가 주먹이라면 '기꺼이'는 보자기다 **238** ·
우리는 누구나 죽는다는 걸 알면서도 **240**

함께해준 출판사들 **242**

일러두기

1. 이 책은 24곳 출판사의 도움으로 제작되었습니다.
2. 본문에 수록된 작품의 표기는 원본을 따랐음을 밝힙니다.

1부.
사랑의
얼굴

어린 시절 엄마는 가난한 사람에게 겨울은 힘든 계절이라고 입버릇처럼 말했지만, 그래도 난 겨울이 좋았다. 엄마가 목 끝까지 덮어 준 솜이불에서 나던 장롱 냄새, 귀에 걸어 준 분홍색 면 마스크에서 희미하게 느껴지던 엄마의 크림 냄새가 따뜻했다. 묵직한 이불을 덮을 때, 보드라운 마스크를 쓸 때면 마음이 간질간질했다. 그럴 때마다 히죽 웃으며 엄마를 힐끗 바라보았다. 또 뭐가 그렇게도 신났어 하는 표정으로 내 얼굴을 쓰다듬는 엄마의 거친 손에서도 어렴풋이 겨울의 냄새가 묻어 있었다. 빨랫비누 냄새, 연탄집게의 매캐한 냄새 같은 것들이.

김수정 지음, 『냄새들』
꿈꾸는인생

미진 지음, 『집이라는 그리운 말』
책과이음

엄마를 생각하는 내 얼굴에는 늘 행복, 슬픔, 분노, 그리움이 조금씩 섞여 있다. 행복의 순간에 불현듯 두려움과 슬픔, 분노 같은 감정이 소리 없이 밀려오듯, 검은 하늘에 박힌 별처럼 이름 모를 무수한 감정이 잘게 부서진다. 문득 커다란 보따리를 이고 가는 엄마의 걸음걸이가 떠올라 웃음보가 터지다가도, 젊은 시절 출근길에서 부닥친 엄마의 깜짝 등장에 반가워지다가도, 눈에서 눈물이 그렁그렁해지고 마음에는 서러움과 분노가 서로 싸우며 으르렁댄다. 그렇게 한바탕 다 울고 나면 다시 푸른색 그리움이 꼬리를 휘젓는다. 젊음에 겨워 눈부신 천 개의 얼굴이 세월을 타고 넘으면 한 개의 엄마 얼굴이 된다.

좋다, 좋다, 참 좋다. 햇볕이 좋은 오전에 강둑을 따라서 산책할 때 노모가 주로 하는 얘기는 시절이 참 좋았던 젊은 시절의 얘기들이다. 돌아가신 아버지 얘기도 일찍 세상을 떠난 형 얘기도 항상 좋았던 얘기만 하신다.
(…) 날씨가 좋다는 건지 꽃이 바람이 좋다는 건지 세상 떠난 아버지나 형이 있는 저승보다 이승이 좋다는 건지 모를 추임새를 '좋다 좋다' 넣으신다. 추임새가 아름답기도 하고 쓸쓸하기도 하다.

> 윤희병 이야기·김진태 지음, 『엄마라고 더 오래 부를걸 그랬어』
> The작업실

그 순간, 가슴이 터질 듯한 감동에 휩싸여 마음속 가장 깊은 곳까지 흔들린 여자는 난생처음 한 가지 사실을 깨달았다. 사람의 영혼은 신비스러울 정도로 부드럽고 탄력 있는 물질로 이루어져 있어서 단 한 번의 체험만으로 무한히 커질 수 있고, 그 비좁은 공간에 온 세상을 담을 수도 있다는 사실을.

―――――――――――――――――――
슈테판 츠바이크 지음, 남기철 옮김, 『우체국 아가씨』
빛소굴

사랑은 자신을 잊고 뭔가에 빠지는 순간이 집중적으로
극대화되는 일이다. 한 가지 일에 빠져드는 것은 일시적이지만,
한 사람에게 빠져드는 것은 그런 일의 연속이다.
사랑에 빠지는 순간 우리는 우리와 관련된 모든 일상을
산산이 분해한 뒤 그 조각을 일제히 그 사람에게 던져 넣는다.
나를 둘러싼 사물, 기후, 인간, 비인간 생명체,
지나온 내 삶의 역사, 공동체의 역사를 모두 해체해
그 사람과 결합시켜 재탄생시키면서, 급격하게 내 안에서
빠져나간다. 당사자인 두 사람이 각각 제 몸에서 빠져나와
자신을 이루던 모든 것을 해체한 뒤 상대의 것과 합쳐
조합해내고, 그렇게 해서 완전히 새로운 두 개의 인격을
다시 만들어내는 것이다.

／
정아은 지음, 『높은 자존감의 사랑법』
마름모

문희정 아프고 쓰고 만들다, 『갑상선암에 걸리면 스카프 쇼핑부터 하는 게 좋다』
문화다방

어제는 하나랑 집에 가는 길에 암 수술에 대한 이야기를 했다(아이들에게는 나중에 암이라는 것에 대해 얘기해 줬다).
"암에 걸렸다는 건 나쁜 일이잖아? 그런데 수술하고 나서 엄마는 더 건강해진 것 같아. 채소도 많이 먹고 운동도 하고. 앞으로 더 건강해지려고."
"엄마 몰랐구나? 나쁜 일이 있으면 좋은 일도 있는 거야."

엄마!!
병상에 누워 있는 엄마를 보고 있으면
우리가 발라 먹은 생선 같다는 생각이 들어요.
살 한 점 없는 가시를 드러내고 밥상 위에 적나라하게 누워 있는
생선 가시처럼 무방비 상태로 엄마는 평생을 발라졌어요.
기꺼이 우리의 더운밥이 되어 주셨고
꼬숩고 매콤한 반찬이 되어 우리의 허기를 달래주셨는데
나는 아무것도 달래 드릴 수가 없네요.
그래서 아무것도 해드릴 게 없어서 편지를 써요.

편지 한 통이 든든한 고봉밥이 될 수도 없고
편지 한 통이 간절한 물 한 모금도 되지 못하지만
아무것도 해드릴 게 없어서 엄마 머리맡에 앉아 보내지도 못하고
할 말만 무성한 편지를 써요.
생선 가시처럼 늘 목에 걸리는 엄마에게.

김진태 지음, 『엄마는 고맙다 했고 나는 안녕이라 했다』
The작업실

(불행한지 물어봐도 돼?)
뭐라고?
아니, 그저 날이 흐릴 뿐이야.
("나는 맑음")
밝은 척, 맑은 척, 빗물이 뚝뚝.
("가끔 흐림")
(나는 아무것도 알고 싶지 않아.)
우린 다 그럴 때가 있잖아.
응, 정말.
(그땐 정말 어찌할 바를 몰랐어.)
기운을 내야 할 때가.
(영차!)
그럴 때 나는 만나고 싶었어.
(어제 사랑한 사람을 오늘도 사랑하고 싶어요.)
매일 나를 축복해 주는
매일 너를 축복해 주는
매 순간 세상을 축복하는
특별한 친구.
(매일 너를 축복하고 있단다
매 순간 너를 축복하고 있단다
언제나 축복하고 있단다
나는 숲이란다
풀이란다
아침이란다)

달과 강 지음, 『비밀 친구』
어떤우주

그래도 우리 둘이 가장 친했어요. 한국전쟁 피란 때도 둘이 어머니 모시고 고향 양산에서 부산으로 피란도 갔으니까. 그래도 피붙이 중에서는 서로 속말도 제일 많이 나눈 거예요. 막판에 서로 서운한 것이 있긴 했지만, 가족이었잖아요. 언니가 떠나고 나니까, 그제야 언니가 그렇게 꿈에 보입디다. 마지막으로 얼굴 한번 볼걸, 후회가 되네요. 저는 언니가, 다음 생에는 좋은 부모 밑에서 태어났으면 좋겠어요. 지난 생에는 부모 잘못 만나서 전쟁터를 돌고, 몹쓸 짓을 당한 채 살았잖아요. 그런 힘든 삶 말고, 좋은 부모 만나서 호강하고 살면 좋겠어요. 언니가 그래도 살면서 좋은 일을 많이 해서 그럴 수 있을 거예요. 이제부터라도 나비처럼 훨훨 날아서 좋은 곳으로, 가고 싶은 곳으로 갔으면 좋겠어요. 그리고 다음 생에는 꼭 남들 다 낳는 자식도 낳고, 그 듣고 싶다는 '엄마' 소리도 꼭 들을 수 있으면 좋겠네요.

송원근 에세이, 『그 이름을 부를 때』 속 「가족의 기억: 동생 인터뷰」에서
다람출판사

'사랑'이라는 그 마법의 말을 마음속으로 떠올리자마자, 경악할 정도로 무수히 많은 소소한 기억이 반짝 불꽃을 튀며 그의 의식으로 빠르게 몰려들었다. 이제까지는 감히 한 번도 인정하거나 해명하지 못했던 사실 하나하나가 그의 감정을 명백하게 밝혀주고 있었다. 그리고 이제야 비로소 그는 자신이 몇 달 전부터 이미 깊이 사랑에 빠져 있었음을 깨달았다.

슈테판 츠바이크 지음, 원당희 옮김, 『과거로의 여행』
빛소굴

정아은 지음,『높은 자존감의 사랑법』
마름모

이 깨달음의 문턱을 넘어간 사람은 사랑에 대해서 다른 태도를
보인다. 이제 그 사람은 안다. 사랑이 얼마나 기적적인 일인지를.
두 사람이 만나 마음을 교환하는 행위에 서린 희귀성과 그 귀함을.
두 사람이 지금, 이 순간, 이 자리에서 함께 살아 숨 쉬고 말하고
바라보는 일이 기적 같은 일임을. 그런데 그 사람이 내게 특별한
마음을 주기까지 하다니, 이렇게 놀라운 일이 또 있을까.
사랑을 귀히 여길 줄 알게 된 그는 이제 완성된 형태의 사랑이
넝쿨째 굴러오기를 기다리지 않는다. 사랑이라는 개념과
조금이라도 닮아 보이는 일이 발생하면, 번개처럼 그 일에
대처한다. 내게 호감을 보이는 사람을 적극적으로 환대하고,
내 안에서 같은 강도의 호감이 일지 않더라도 괜찮다는 마음으로
그 사람을 받아들인다. 상대와 같은 강도가 아니어도 내게서
조금의 호감이라도 일고 있다면, 사랑할 수 있다고 생각한다.
죽음이라는 씨앗을 내장한 나와 상대의 유한함을 인식하고
조금이라도 서로 맞닿을 수 있게 해보려고 전향적으로
손을 내밀게 되는 것이다.

모르긴 몰라도 솔직해지는 '용기'만큼은 엄마에게 배웠다.
그래서 유독 마늘종볶음을 먹을 때는 이에 힘을 주고 좀 더
'쫑쫑'거리며 씹게 된다. 엄마가 해준 마늘종볶음의 식감은
뭐랄까, 꼭 그렇게 씩씩하게 씹고 삼켜야만 내 속에서
피가 되고 살이 되는 것 같아서다.
이제 엄마는 힘들다고 마늘종볶음은 해주지 않고, 마늘 속대를
뭉텅이째 꺾어 택배로 보낸다. 그것만 해도 어딘가 싶다.
늦봄과 초여름 사이, 시장에 차고 넘치는 게 마늘 속대건만
나는 일단 모르는 척 염치없이 받아먹는다. 그게 혹시라도
엄마를 천천히 늙게 만드는 일이 됐으면 싶어서.

류예지 지음, 『그리운 날엔 사랑을 지어 먹어야겠다』
책과이음

김윤담 지음, 『엄마를 미워해도 괜찮아』 속 「우리집 가훈은, 괜찮아 잘하고 있어」에서
다람출판사

그렇게 그날로 '괜찮아, 잘하고 있어'는 우리집 가훈이 되었다. 어린이집 숙제인 가족 신문 만들기에도 가훈으로 같은 글귀를 적어냈다. 선생님은 '가훈이 너무 귀엽다'는 애교 섞인 피드백을 보내왔지만 나는 그 말의 무게와 진심을 잘 알았다.

아이와 크레파스로 낙서하던 날, 난 왜 '괜찮아 잘할 거야'가 아닌 '괜찮아 잘하고 있어'라는 문장을 적었을까. 그 순간의 나를 위로하고 싶었는지도 모르겠다. 알 수 없는 미래를 짐작하는 말 대신 지금을 도닥이고 싶었는가 보다. 의도치 않게 만들어진 가훈은 지금도 현관 앞에 부적처럼 자리를 차지하고 있다.

내가 듣고 싶은 말을 아무도 해주지 않는다면 스스로에게라도 해주자, 라는 절박함이 만들어낸 행동은 정말로 그런 것처럼 느끼게 해주었다. 그리고 지금은 실제로 그렇게 생각한다. 그때나 지금이나 상황은 크게 달라지지 않았지만 그럼에도 나는 괜찮다고, 잘하고 있다고 믿는다. 과거의 나처럼 불안과 외로움에 잠식된 사람이 있다면 당신이 외롭고 괴로움을 느끼는 순간도 잘 하고 있다고, 잘 앓고 있다고 등을 쓸어주고 싶다. 죽을 만큼 춥고 괴롭겠지만 그래도 잘하고 있다고, 그 순간 너머에 정말로 괜찮은 날이 있을 거라고, 마음으로 속삭여주고 싶다.

아이들이 가장 예쁠 때가 항상 지금이듯, 사랑이 가장 필요한 때도 바로 지금이다. 지나간 사랑의 관성으로만 나아가는 가정은 오래 지속되지 못한다. 사랑이 소중한 것은 그 자체로 숭고하고 고결하기 때문이 아니다. 사랑은 실용적이어서 중요하다. 사랑은 무관심과 질시와 모욕과 폭력을 없애는 백신이나 해독제 같은 것이다.

| 박주영 지음, 『어떤 양형 이유』
모로

먼발치에서 은근한 응원을 보내던 사람으로 시작하고
마무리한 교토의 날. 이날은 유독 따뜻한 날이었다.
수없이 홀로 걷던 거리에서 끌어모았던 외로움과, 혼자
몇 번이고 싸웠던 생각을 정리한 후 맞닥뜨린 누군가의
품은 더욱 귀했다. 진심이 차올라 우애의 호수에서 순수한
감정이 잉어처럼 넘실넘실 헤엄쳤다. 모난 데 하나 없는
마음만을 공유할 수 있는 사이가 씩씩하게 나아갈 용기를
불어넣었다. 날카로운 장검도, 부서지지 않는 방패도,
천둥 벼락도 모두 필요 없다. 우리의 세상은 모든 순간을
사랑할 수 있는 여유만 부유했다.
B와 G, 어디에서나 너희를 위한 노래를 부르며 누구나
사랑할 수 있는 시간을 쌓아 올릴 것이다. 철옹성처럼
단단하고 완벽한 성은 아니더라도 좋아하는 사람들에게
언제든 내어줄 수 있는 안락한 공간을 빚어
위성처럼 대기하겠다. 힘들 땐 고개를 들어
나를 쉽게 발견할 수 있도록.

' 정원 에세이, 『여행 각성』
북심

글 장세이, 『후 불어 꿀떡 먹고 꺽!(새 판): 20가지 상황 2000가지 의성의태어』

이응

찬찬한 걸음이나 가벼운 걸음을 담은 말은 대체로 발음이 부드럽다.

모 없이 동글동글하다.

살살은 조심스러운 걸음,

사뿐사뿐은 소리가 나지 않을 정도로 가벼운 걸음,

살망살망은 살망한 다리를 가볍게 들어 옮기는 걸음,

발밤발밤은 한걸음 한걸음 천천한 걸음,

발밤발밤과 비슷한 **발맘발맘**은

한 발이나 한걸음의 길이나 거리를 가늠하며 걷는 걸음,

또는 자국을 살피며 따라가는 천천한 걸음이다.

발밤발밤은 해질녘 느긋이 동네 마실에 나선 할머니의 걸음,

발맘발맘은 할머니 발자국을 따라 걷는 어린 손주의 걸음 같다.

우리가 얻는 기쁨이 거대한 것은 아닐지라도 이렇게
묵묵하고 소소하게 생활하는 것이 좋다. 탁 트인
농장에서 일하다가 잠시 쉴 때는 아침에 싸 온 김밥을
먹으며 소풍 기분을 느낀다. 도시 생활로 지친 친구들이
찾아올 때 언제든 방을 내주고 맛있는 식사 한 끼를
차려 준다.

정광하·오남도 지음, 『시골살이, 오늘도 균형』
차츰

한걸음에 온 듯
별안간 민들레꽃이 우리에게 온다
깊은 곳에서
서두르지 않는 작은 소리가
기다리는 사람에게 오기까지
아무 내색 없는 어둠을 열고
환한 웃음으로 온다
돌 틈을 비집는 날숨 소리
꽃이 피는 소리로 온다

김정숙 시집,『구석을 보는 사람』속「따듯한 침묵으로부터」전문
아무책방

구슬기 산문집, 『쉽게 사랑하고 어렵게 미워하고 싶지만』
발코니

그리움을 손으로 만질 수 있다면 아마도 올리브유 같은 게 아닐까. 스며들지도 않고 쉽게 마르지도 않아 자꾸만 손으로 비벼댈 수밖에 없는 질감. 그러다 도저히 안 돼 셔츠 자락에라도 닦으면 진하게 자국이 남겠지.

씻어내려 해도 마찬가지. 더운물을 부어도 영 사라지지 않고 오히려 더 미끌거리겠지. 그렇게 지치고 서글퍼서 이걸 평생 안고 가야 하는구나 싶을 때, 어느 날 손은 말라 있을 것이다. 이곳저곳 다른 손과 다른 물건을 만지며 기름때가 조금씩 나누어졌으니.

손끝에는 기억과 향기만 남는다. 그렇게 애써 지워내려 하던 때도 있었지 생각하며 손을 다시 비벼본다. 예전처럼 진한 향은 없지만, 향이 있었다는 기억은 남아있다.

그러니 굳이 애쓰지 않아도 된다. 마른 햇볕에 내어놓고 가만히 기다리면 곱게 말라 있다. 손이든 마음이든.

"너희는 질 거야.
그리고 다른 사람을 탓하겠지.
하지만 또 질 거다.
그게 너희가 원하는 거냐?"

' 마이클 루이스 지음, 하경식 옮김, 『아이는 어떻게 어른이 되는가』
모로

엄마의 바지런한 손길이 방금까지 머물다 간 화분들이
치맛단을 따라 박음질된 레이스처럼 둘려 있고,
대문 옆 담벼락에는 수도꼭지가 하나, 크기가 제각각인
항아리가 몇 개 있었다. 평범하기 짝이 없는
화분과 항아리를 엄마는 윤이 나도록 쓸고 닦았다.
나는 엄마가 언제고 떠날 집, 아무도 봐주지 않는
막다른 구석 집에 시간과 정성을 쏟는 이유를
알지 못했다. 그때 엄마 옆에 앉아 꽃 이름을 물어보고
힘겹게 싹을 올린 식물을 대견해했더라면, 다 마른 빨래를
같이 걷으며 수다를 떨고 엄마와 눈을 한 번 더
마주쳤다면 어땠을까. 하찮고 작은 것들, 내 이름만큼이나
미진한 것을 마침내 사랑하게 된 지금, 엄마의 마음을
어슴푸레 알 듯하다. 손끝이 닳도록 가족을 아끼고,
자식들 입에 들어갈 음식을 만들어 먹이고, 그것이
남의 집이건 나의 집이건 가족이 숨 쉴 공간을 쓸고 닦고
조금이라도 예쁘게 꾸미고 싶은 마음 같은 것 말이다.

미진 지음, 『집이라는 그리운 말』
책과이음

나는 매사 확신하길 주저하고, 작은 결정 앞에서도 노심초사한다. 무언가에 확신을 가지는 일이 삶의 또 다른 가능성을 차단할까 봐 두렵다. 섣불리 안다고 말하기에는 살아온 시간은 너무나 짧고, 그 시간을 지나온 내면 또한 도통 넓어지고 깊어지지는 않은 것 같다. 그러나 이것만큼은 안다. 보이지 않는 것들을 헤아리며 사랑하는 이들의 행복을 빌 때의 나는 그렇지 않을 때의 나보다 조금은 더 괜찮은 사람이 된다. 서로가 서로의 안위를 바라는 마음은 허공을 둥둥 떠다니다 어느 계절의 끝, 위태로운 하루를 보내고 있을지도 모를 누군가에게 닿지 않을까. 그러니 너무 많은 주의를 기울이지 않고도 안부를 물을 수 있기를, 어려움에 부닥친 이웃을 도울 수 있기를, 늦은 밤 고민을 나눌 수 있기를 바란다. 돌아올 행복을 계산해서 베푸는 친절일지언정 타인에게 마음을 기울이고 싶은 순간, 너무 많은 용기가 필요하진 않기를 바란다.

백가연, 『사랑이 아무것도 아닌 날에도』 속 「너무 많은 용기가 필요하진 않기를」에서
다람출판사

사회의 눈치를 보는 건 낭만의 고윳값이다. 낭만을 낭만으로 만드는 가장 중요한 요소가 '무용함'이고, 현대 사회에서 무용함의 자리는 무척이나 비좁다. 대체로 낭만이라 지칭되는 것들에선 쓸모라곤 볼 수 없고, 선택할 만한 합리적인 이유도 찾기 어렵다. 낭만은 쓸모를 요구하는 사회에선 설 자리가 없는 단어다. 낭만을 이야기하는 사람의 취급도 매한가지다. 하지만 낭만은 이 무용함의 자리에서 빛이 난다. '아니어야 하는' 수많은 이유들에도 불구하고 기어이 선택하게 만드는 마음의 끌림은, 결국엔 가장 앞에 선다.

글 채반석, 『그깟 취미가 절실해서』
꿈꾸는인생

진서하, 『돌아오는 새벽은 아무런 답이 아니다』
발코니

다른 사람에 대해 알아가는 일. 그 면면에 대해 자주 생각한다. 정말이지 지독히 어려운 일이다. 아무리 생각해도 그렇다. 문장을 쓰면서는 '이 당연한 말에 나까지 굳이 무게를 더할 필요가 있나' 하는 생각이 들지만, 누군가를 만나 이야기 나누는 동안에는 '역시 아무리 보태어 말해도 모자라지 않다'고 아마 되뇔 것이다. 아주 오랫동안 겪어온, 앞으로도 끊이지 않을 번복.
어려우니 외면하자 마음먹기엔 고독은 너무 쓰고 좌절은 늘 짐작보다 가깝다. 예상보다 빨리 찾아온 좌절은 고립으로 이어지고 어떤 고립은 무기력을 만나 깊어지기만 한다. 그렇게 주저앉아 있을 때 어디선가 나타나 나와 눈을 맞춰주는 사람들이 있었다. 내가 스스로 만든 고립의 늪에 빠져 허우적댈 때, 선뜻 손부터 내밀어 주던 따뜻한 사람들. 잡은 손으로 덩달아 절망에 빠지지는 않을까 조금도 고민하지 않던 용감한 사람들. 어떻게 그런 행운을 만날 수 있었을까. 내가 찾아간 것인지 세상이 내게 준 선물인지 나의 외로움이 동네방네 소문이 다 난 것인지 사실 잘 모르겠다. 그저 운이 좋았다고밖에 말할 수 없다. 어쨌든 나는, 가끔 이해할 수 없을 만큼 나보다 나를 더 믿어주는 사람들 덕분에 오늘의 내가 되었다.

관계는 본질적으로 깊어지면 깊어질수록
상처가 많아질 수밖에 없다. 대화를 열 마디
주고받은 사람한테보다 천 마디 주고받은 사람한테
상처 받을 가능성이 더 높다. 함께 백 번 거닌 사람보다
만 번 거닌 사람에게 더 기분 나쁠 일이 많다.
그러나 천 마디 주고받고, 만 번을 함께 거닌 사람과는
그만큼 서로에 대한 이해도 깊어진다. 그 과정에서
충돌도 있겠지만, 서로에 대한 마음을 인정하고 고쳐가고
타협하는 일도 생긴다. 그렇게 함께한 시간이 길어질수록
그 사람과 나 사이에는 융화된 부분이 넓어진다.
달리 말해, 그 사람이 내 삶이 되고 내가 그 사람의
삶이 된 영역이 점점 커진다. 사랑은, 우정은, 관계는
언제나 '그래서 사랑해'가 아니라 '그래도 사랑해'로 깊어진다.

정지우, 『사람을 남기는 사람』
마름모

주위 사람에 대한 사랑도 없는데 어떻게 멀리 있는
사람을 사랑할 수 있나? 진흙 속에 피투성이로
고통스럽게 사는 사람에 대한 사랑이 없다면?
그거 아냐, 다른 사람을 위해 죽는다는 거,
사람들에게 자기 죽음을 바친다는 건 쉬워.
삶을 바치는 쪽이 더 어렵지.

보리스 사빈코프 지음, 정보라 옮김, 『창백한 말』
빛소굴

나는 농담 반 진담 반으로 항상 사람들이 싫다고 말했다.
세상이 싫고 한국이 싫고 사람이 싫고 모든 것들이 환멸
난다고 말해왔다. 그러나 이제는 인정할 수밖에 없을 것
같다. 나는 그것들이 싫지 않다. 정말 싫었으면 이토록
구구절절 입을 대고 글을 쓰고 목소리를 높이지 않았다.
회피한 채 말도 얹지 않았을 것이다. 나는 이 세계와
사람들을 진심으로 사랑하고 있다는 것을 지난밤 덕분에
확신했다.
너무 사랑해서 혐오와 차별과 각종 부당함이 어떻게든
사라지길 바라왔다. 그걸 두고 나는 스스로의 마음을 '사람이
너무 싫어'라는 헐렁한 변명으로 감춰왔다. 자기가 얼마나
사랑하는지도 모르는 채 마음을 부정해 온 시간이 꽤 길었다.
그렇다. 도망치듯 사랑을 말하면서 여기까지 왔다.
나뿐만 아니라 지금 이 글을 읽고 계신 분들도 마찬가지일
것이다. 사랑을 비웃는 시대임에도 여전히 사랑을 믿는
사람들이 우리 곁에 있다. 그 사실 하나만으로도 나는 지금의
시대를 잘 건너갈 수 있다고 생각한다.

희석 지음, 『도망치듯 사랑을 말한다면』
발코니

2부. 나와 생활

이사벨 아옌데 지음, 조영실 옮김, 『비올레타』
빛소굴
....

물론 누구나 각자 자기 삶에 책임이 있다는 게 사실이기는
하다. 우리는 특정한 카드를 갖고 태어나 그 카드로
인생이라는 게임을 한다. 나쁜 카드가 걸려 모든 걸 잃게 되는
사람이 있는가 하면 나쁜 카드를 능숙하게 사용해 성공하는
사람도 있지. 카드는 우리가 누구인지, 즉, 나이, 성별, 인종,
집안, 국적 등을 결정한다. 카드를 바꾸는 건 불가능하고
우리가 할 수 있는 일은 오로지
최선을 다해 카드를 잘 쓰는 것이다.

사람이 싫어지려고 할 땐 마구 비 오는 날이나,
천둥 번개가 치는 날을 생각한다.
오늘 비가 오나 보다, 그래서 물이 튀나 보다,
그렇게 생각하려고 한다.
날씨를 바꾸려고 전전긍긍하지 않는 것처럼,
날씨가 왜 이러지 마구 골몰하지 않는 것처럼.
이해하려고 애를 쓰고 쓰다가
내가 상할 것 같은 때에는 탁 놓아버리는 것이다.
그건 그냥 나쁜 날씨 같은 거였어 하고.

지윤 에세이, 『오늘 내가 어떤 마음이었는지 기억하고 싶어서』 속 「싫어지는 마음」에서
책나물

습관은 자연에서 자라는 식물과 그 속성이 비슷하다.
식물은 한동안 자라지 않고 그대로 있는 것처럼 보이지만,
비가 한 번 내리고 햇볕이 충분하면 어느 날 키가 훌쩍
자란다. 대나무는 뿌리를 내리는 데 5년이나 걸린다고
한다. 땅속에 뿌리를 내릴 때는 잘 안 보이지만, 일단
뿌리를 내린 후에는 6주 만에 30미터까지 뻗어나간다.
습관은 대나무 같다. 처음에는 눈에 안 띄지만 시간이
쌓이면 그 사람만의 도드라진 개성이 된다. 사치에가
보여주듯이 좋은 습관은 어려운 상황에서 몸과 마음을
다독인다. 좋은 습관은 모두에게 유익하다. 특히 홀로 삶을
꾸리는 이들이 무기력에 빠질 확률을 줄여준다.

" **김남금 지음, 『혼자가 두렵지 않다면 거짓말』**
그래도봄 "

김설 지음, 『사생활들』
꿈꾸는인생

기분 좋은 날 오후에 마시는 차도 좋지만, 유독 바람 부는 들판에

맨발로 서 있는 것같이 시리고 흔들리는 날에 마시는 차는

더욱 좋다. 정체를 알 수 없는 감정에 휘둘릴 때나

내가 누구인지 모를 때, 글 쓰는 일에 확신이 없을 때,

내 마음을 몰라주는 사람 때문에 서러울 때,

억울하고 분통이 터질 때, 실타래처럼 꼬인 일을

풀기 직전에 나는 다시 찻물을 끓인다. 마실 차를 선택하고

좋아하는 찻잔을 꺼내고 가만히 멈추어 차를 우리고

차향을 맡고 천천히 차를 마시는 일에 집중하면,

나를 둘러싼 안개가 걷히면서 흐릿했던 내 존재가 분명해진다.

나를 절망에 빠뜨렸던 사람을 슬그머니 용서하게 되고

초라하게 늙어 가고 있는 나를 사랑하게 된다.

슬퍼지고 우울해질 때 차를 마시면

그 슬픔과 우울에서 조금씩 벗어난다.

하나 확신하는 건, 세상에 만병통치약이나 지상천국은
없다는 것이다. 삶에는 여러 성취나 성공이 필요하고,
그런 것들이 중요한 것도 사실이다. 그러나 삶에서 단
하나의
성공만이 너무도 중요해서, 그 하나의 성공만으로
모든 게 해결되는 그러한 성공은 없다. 사랑도 만병통치약이
아니고, 돈도 지상천국을 열어주지 않으며, 인기가
모든 걸 해결해주지도 않는다. 오히려 세상에는 그런 것
하나를 얻기 위해 지나치게 집착한 나머지 망가지거나
붕괴된 삶이 산더미처럼 쌓여 있다. 중요한 건
우리 마음을 끊임없이 다독이면서도, 중요한 것을
잊지 않게 하고, 삶에 대한 생생한 의지를 이끌어갈 수 있는
그런 '자기계발'이다. 1등을 하기 위해 소시오패스가 되거나
다른 사람들의 권리를 짓밟고, 자기에게 가장 소중한 것이
무엇인지도 잊어가는 자기계발이라면 안 하는 것이 낫다.
달리 말하면, 우리에게 정말 필요한 건
'삶을 사랑하는 기술'이고, 바로 그런 기술로
삶의 균형과 이로움에 기여하는 자기계발이다.

정지우, 『돈 말고 무엇을 갖고 있는가』
마름모

그대의 가장 좋은 친구는 바로 자기 자신이다. 나야말로
내가 의지할 곳이다. 나를 제쳐놓고 내가 의지할 곳은 없다.
착실한 나의 힘보다 더 나은 것은 없다. 나의 실패와 몰락을
책망할 사람은 나 자신밖에 없다. 나는 깨달았다. 내가
나 자신의 최대의 적이며 비참한 운명의 원인이었다는 것을.
그리고 나는 또 나의 희망이라는 것을 말이다. 사람은
자기 자신을 알아야 한다. 그것이 진리를 발견하는 데
도움이 되지는 않을지라도 자기 생활의 질서를 세우는 데
도움이 된다. 세상에 가장 좋은 벗은 나 자신이며
세상에서 가장 나쁜 벗도 나 자신이다. 나를 구할 수 있는
가장 큰 힘도 나 자신 속에 있다.
나는 우리 집 앞에 있는 질경이를 보았다. 가만히 앉아서
상처 난 잎사귀를 어루만져 주었다. 너도 나와 비슷하구나.
가슴에 서러움이 북받쳐 올랐다.

오행순 지음, 『파란 지붕 할망』
발코니

11시가 되면 서둘러 방으로 출근한다. 매일 뭔가 꾸준히 공들여 하지 않으면 몇 년 뒤 아무것도 남아 있지 않을 것 같아서, 정말 그렇게 된다면 짐작해 보건대 무척 침울하고 허탈할 것 같아서 나름의 업무 시간을 정해뒀다. 나만 아는 노력의 시간이 소복이 쌓여간다.

전업주부는 프리랜서와 닮았다. 수익이 있든 없든 묵묵히 일해야 하고 결국 혼자만의 긴긴 투쟁을 한다는 점에서 그렇다. 내 시간과 노력을 어디에 쏟아부었는지 증명해 줄 결과를 만드는 데 집중한다. 저녁 식탁에 놓일 훌륭한 요리가 될 수도 있고 말끔하게 정돈된 집 풍경이 될 수도 있지만 나는 내가 하고 싶은 일에 더 비중을 두기로 했다.

최진경, 『주부, 퇴근하겠습니다』
헤윰터

한동안 서점가에서 열심히 살지 말라는 투의 제목이
많이 보였습니다. 많은 사람에게 위안이 되는
책이었으니 유행한 거겠지만, 저는 그런 책을 보는 게
조금 힘들었습니다. 마음이 편치 않더라고요.
쉬고 싶지 않아서 쉬지 않는 것이 아니니까.
일과 일상의 조화라든지, 나를 위한 사치 같은 것을
몰라서가 아니에요. 열심히 살아야만 하니까.
별 탈 없이 살았던 나에게도 드라마 같은 사건들이
터지더니 끝내 매 순간이 위기인 날들이 이어졌으니까요.
주변을 둘러보지 못하고 달려본 사람들은 알겠지요.
잠시 멈추는 법을 잊어서가 아니라는 걸.
서점 베스트셀러 코너를 점령하고 있는, 나른하고
여유 있어 보이는 책들은 저를 쉴 줄도 모르는
바보로 여기는 것 같았습니다. 속으로 이 유행이
빨리 지나갔으면 하고 바랐어요. 혹여 저와 같은
마음인 친구들이 있을까요? 열심히 사는 그대들!
우리 적어도 나태 지옥에서 만날 일은 없어 다행이에요.

> 문희정 지음, 『여행자의 편지 치앙마이』
> 문화다방

그러나 한 가지 깨달은 건, 이 경쟁 속에서
계속해서 힘겹게 살아가는 게 유일한 선택지는
아니라는 점이다. 비단 해외로 나가지 않더라도
말이다.
모두가 같은 행복과 같은 목표의 삶을 좇는
이 사회 분위기 속에서 한발만 물러서 보면
세상에는
정말 다양한 삶의 방식이 있음을 깨닫는다.
이번 여행을 하며 더 넓은 세상을 보고
내가 움켜쥐고 있던 나만의 살아가는 방식을
되돌아보게 되었다. 방황하던 나에게 필요했던
과정인지도 모르겠다.

김예녹 지음, 『한 달의 오사카』
세니북스

홍지애 지음, 『책 만들다 우는 밤』
꿈꾸는인생

가끔 꿈이 없다고 말하는 이들을 만나면 나는 "꿈 없이 살면 좀 어때"라고 답한다. 꿈도 잠시 쉴 때가 있으니까. 그런데 그들이 모르는 게 있다. 꿈이란, 어떤 이름으로 불리거나 무엇을 배우고 또 갖는 것뿐만이 아니라 부드럽게 말하는 사람이 되고 싶다는 바람, 나 자신을 더욱 사랑하겠다는 다짐, 누군가를 용서하게 해 달라는 소원까지를 모두 합한 것이라는 사실이다. 그러니 꿈은 우리의 매일에 맞닿아 있다.

꿈에는 개인이 그리는 가장 큰 행복이 담겨 있다. 그 행복은 확률과 형편, 조건이나 외부의 평가가 무력해지는 상상력에 기초하는데, 나는 그 상상력을 사랑한다. 그리고 그것이 가진 힘을 믿는다. 먼 미래의 어느 날에 대한 것으로 끝나지 않고 지금 여기에서 오늘의 나를 위로하고 격려하며 내가 그리는 모습으로 나를 이끌 것이라고.

어디로 가야 하는지 모르는 사람은 운동장 돌 듯 산다. 집을
시작점으로 같은 길을 반복해서 맴돈다. 새로운 곳을 탐험하려
한다면 낯선 곳을 향하겠지만, 오직 집을 벗어나기 위한
외출이었기에 목적지가 없었다. 유년 시절 내 운동화 밑창은
한쪽만 빨리 닳았다. 조금 기울어진 채로 자주 서성였다. 나의
걸음은 모험이 아니라 방황이었다.
매년 봄을 살아갈 핑계로 삼는다. 핑계의 시작은 열다섯
때였다. 인생이 쓴지 달콤한지, 지금 맛보는 중인지도 모르던
나이. 작은 일에도 마음을 과하게 쓰는 성격에다가,
집 구성원들 사이에 감정은 곧 유난으로 여겼기에
집도 쉴 곳이 아니었다. 방에 혼자 있으면 생각이 생각을
불렀다. 초대받은 생각은 또 다른 생각을 부르는 탓에,
속에서 생각 잔치가 열렸다. 대화하는 사람은 없지만
참을 수 없이 시끄러워서 뛰쳐나갔다. 독립하지 못한 청소년은
마땅히 갈 곳이 없다. 선택받지 못한 회전초밥처럼
집 주변 동그란 산책길을 걷고 또 걸었다.

연정 지음, 『섹시한 슬라임이 되고 싶어』
발코니

혼자 먹는 밥일수록 예뻐야 한다. 싱크대 앞에 서서
찬밥 한 덩이에 물을 부어 먹어도 뭐라고 할 사람은
없다. 뭐라고 할 사람이 없기 때문에 더 신경을
써야 한다. 혼자 있을 때 나를 챙겨줄 사람은 나뿐이다.
식사(食事)는 식사(食思)이기도 하다. 음식을 먹고 싶다는
욕망 또한 다른 욕망과 마찬가지로 잘 해결해야
탈이 나지 않는다. 비싸고 진귀한 음식을 먹는다거나
배가 터지도록 먹는다고 해서 그 욕망을
해결할 수 있는 것은 아니다. 시간이 지나면
부른 배는 꺼지고 속은 다시 헛헛해진다.
어떤 욕망이나 그렇다. 몸을 채우듯
마음도 채워야 비로소 만족하게 되는 것이다.

서주희 지음, 『뚝배기, 이 좋은 걸 이제 알았다니』
구픽

김영미 에세이, 『점점 단단해지는 중입니다』
혜윰터

아직도 사고 후유증에서 완벽하게 벗어나지 못했다. 두려움은 아마 자전거를 타는 내내 짊어지고 다녀야 할 일부분일지도 모르겠다. 살아온 날보다 살아갈 날이 훨씬 적은 나이가 되었다. 이젠 해보고 싶었는데 포기하거나 건강이나 체력이 모자라 안 된다고 지레 겁먹지 않을 것이다. 소극적인 마음을 앞세워 내 남은 삶의 무한한 가능성을 놓치고 싶지 않다. 언제까지나 희망으로 가득한 내 삶의 주인이 되고 싶다.

"매일 매일 조금씩 익히고 연습하자."
"처음부터 잘하는 사람은 없어."
"일만 시간의 법칙을 잊지 말자."

세 아이를 키우면서 입이 닳도록 한 말인데 이젠 나에게 하고 있다. 엄마로서는 쉽게 내뱉던 말들이었는데 그 실천이 어려운 것임을 아이들이 다 큰 지금에야 느끼고 있다니. 그것도 자전거를 타게 되면서 깨닫게 될 줄이야. 인생 참 재미있다.

하나 더 바보 같은 일에 관해 말하자면, 나를 미워하는 사람 때문에 무언가를 포기하는 일이다. 달리 말하면 나를 미워하는 사람의 마음에 굴복하는 일이다. 나를 미워하는 누군가의 마음 때문에 나를 좋아하는 누군가의 마음조차 들여다보지 못하는 일이다. 나를 사랑하고, 아껴주고, 소중히 생각해주며, 좋아해주는 그 누군가의 마음에 집중하기에도 아까운 인생을 나를 싫어하는 이들에게 바치는 일이다. 내 삶을 나에 대한 미움에 제물로 바치는 일이다.

우리는 결코 모든 사람으로부터 사랑받을 수 없다. 당신은, 나는 결코 그 누군가로부터 미움 받지 않을 수 없다. 그러니 당신은 당신의 일을, 나는 나의 일을 해야 한다. 그 일이란 나에 대한 사랑에 부합하는 일이다. 나를 사랑하는 이들이 원하는 삶을 사는 것이다. 미움에 굴복하지 않고, 나를 사랑하는 이가 원하는 대로 나의 삶을 살아내는 일이다. 미움 받는 일이 당연하다면 오히려 사랑받는 일이 드물다고 여길 줄 알고, 그 드문 마음을 기억하는 일이다. 사람이 해야 하는 것은 삶을 통해 바로 그런 사랑의 길을 따라나서는 일이다.

정지우, 『사람을 남기는 사람』
마름모

행복의 이면에 불행이 있고 불행의 이면에 행복이 있다는 흔한 말은 하고 싶지 않다. 그저 삶의 모든 모순에도 불구하고, 불행에 지지 않고 정면으로 맞서 나아가는 순간 우리에게 또 다른 가능성의 문이 열린다는 사실만은 확실하다고 느낀다. 그런 의미에서 내 삶에 불행이 온 것은 어찌 보면 다행한 일이기도 했다. 내가 내 몫의 불행을 기꺼이 받아들이지 않았다면 나의 삶은 일찌감치 헤어 나올 수 없는 절망의 나락에 빠지거나, 외려 피로한 일상의 권태와 의미 없는 행복에 지쳐 허물어졌을지도 모르겠다.

| 김설 지음, 『다행한 불행』
책과이음

정지우, 『사람을 남기는 사람』
마름모

삶에서 거리를 둬야 하는 사람 중 맨 앞줄에 있는 사람은 애씀을 무서워하면서도 비웃는 사람이다. 그런 사람 곁에 있다보면 결국 잃는 건 삶이다. 왜냐하면 삶이란 본디 구경하는 게 아니라, 플레이하고 실천하며 살아내는 것이기 때문이다. 인간이 가장 살아 있을 때는 누가 보는지도 모른 채 사랑하는 사람과 뒤엉켜 깔깔대고 웃으며 자유롭게 춤추고 추하게 노래 부를 때다. 남들이 볼 때는 어리석기 짝이 없고 한심해 보이든 말든, 내가 진정으로 원하는 일에 젖 먹던 힘까지 쏟아부으며 몰입하고 있을 때다. 애쓰는 사람들은 결국 어떤 식으로든 삶을 자기 것으로 만든다. 자기의 삶을 타인들의 시선에 난도질당하게 두지 않고 자기의 파도로 만든다. 자기만의 텐션을 끌어올리고, 자신의 에너지로 삶을 이끌고 가며, 자기의 삶을 살아낸다. 이런 건 구경꾼으로 머물러서는 흉내도 내지 못하는 것이다. 그렇게 어느 날, 밝은 햇살 아래 가장 추한 것은 진흙탕을 뒹굴며 나아가던, 애쓰며 발악하던 그가 아니라, 담벼락 아래 낄낄대며 줄지어 앉아 있던 구경꾼들이라는 것은 너무나 쉽게 밝혀진다.

오늘부터 새롭게 태어나는 거야!
주변의 매미소리가 전부 나를 비웃는 소리라고 해도
그 순간, 정말 진지했다.

알로하 지음, 『자꾸만 비집고 나오는 마음』
느린서재

삶은 쉽지 않지. 마음대로 잘 안되기도 하고 힘든 일도 많지. 작지만 까다로운 문제에 대한 로드맵도 없고. 하지만 계속 꿈을 따라가다 보면, 마음이 이끄는 대로 가다 보면, 언제나 제대로 된 방향으로 움직이고 있다는 것을 알게 될 거야. 해변에서나 미용실에서나 결혼식에서 곧잘 넘어지곤 해도 말이야.

신기한 사실은, 삶을 살면서 항상 맞는 선택만 하지 않았는데도, 지금 꿈꾸던 일을 하고 있다는 거야. 얼마나 오래 이 일을 할 수 있을지는 나도 몰라. 내가 하는 일 같은 경우는 유통기한이 어느 정도일지 가늠하기 힘들지. 하지만 오늘 나는 나를 코미디언이라고 소개할 수 있어. 무대 출입구를 서성이며 사인을 받던 사람이었는데, 이제는 사인을 해주는 사람이 되었지. 이 경험은 끊임없이 나를 감동시킬 거야.

미란다 하트 지음, 김민희 번역, 『미란다처럼: 눈치 보지 말고 말달리기』
책덕

오랜 시간 차곡차곡 모아온 스크랩북이 있다. 모두 집에 대한 것들인데 자세히 얘기하자면 집이 아니라 집 안의 일들에 대한 스크랩북인지도 모르겠다. 통통하게 물이 오른 식물과 창가에 놓인 꽃병, 노릇하게 구운 생선과 갓 지은 밥으로 꾸린 소박한 식탁과 잘 닦인 나무 바닥에 누워 노는 아이들, 좋은 냄새가 날 것 같은 침대 위의 린넨보와 따뜻한 커피를 막 만들어내는 순간들. 자주 열어보면서 비우고 채우는 정성스런 과정을 거친 것이어서인지 모두 따로따로 모은 것이지만 그 색과 결이 닮았다.

문득 한 번씩 다른 사람보다 걸음이 뒤처진 것같이 느껴질 때가 있다. 저마다의 삶의 가치를 비교할 수 없다는 것을 알면서도, 비교의 저울을 건드려 마음이 기우뚱거리는 날에는 뜨겁게 씻고 제일 좋아하는 늘어난 파자마를 입고 침대에 누워 노랑 스탠드 전등 아래 스크랩북을 펼쳐본다. 그 안의 작은 집들. 작은 방과 작은 부엌 잘 다듬어진 살림과 소박한 식탁을 보며 위로받는다. 그래 내가 좋아하는 것들은 이런 것이었지. 갖고 싶은 물건이 아니라 그 안의 삶. 반듯한 인테리어가 아니라 집을 채워나가는 일상 안의 온기를 동경하며 내일을 조금 더 예쁘게 살아내고 싶다는 설렘을 느낀다.

/ 김수경 지음, 『소박하고 근사하게』
문화다방

나이 듦은 감정이라는 말을 기억하며 오늘 맞이한
행운에 집중하기로 한다. 행복을 뺏기지 않으려
아등바등 애를 써도 의기소침해지는 순간은 어김없이
찾아오지만 그럴 땐 빠져나가는 가능성을 나이
먹는 세금이라 여기며 기꺼이 내어준다. 팔자주름을
겁내기보단 이왕에 생길 주름이라면 웃음의 자리마다
고랑이 생기게 더 자주 미소 지어 본다. 수많은
시행착오와 방황 끝에 맞이한 이 나이의 평안은 얼마나
안락한가. 어떤 사람으로 무르익어 내 삶을 완결시킬지
사유할 수 있는 시간이 비로소 왔다.
더 이상 나이와 싸우고 싶지 않다. 그보다는 처음
마주하는 모든 나이를 환대하련다.
설레는 마음으로 그 시간들 속에 숨은 아름다움을
마중 나가고 싶다.

정희, 『어떤 꿈은 끝내 사라지지 않고』
꿈꾸는인생

이정하 지음, 『내가 좋아하는 것들, 산책』
스토리닷

산책하는 시간으로 옳은 시간은 없다.
제일 좋을 때란 그냥 한번 해볼까, 하는 때다.

여장을 부리러 잠시 들른 한낮의 숙소에는

주인 대신 매실이 길손을 맞는다.

단정한 대나무 쟁반에 놓인,

갓 딴 듯 생생한 열매는 정갈하게 옹골차다.

점쟁이가 뿌린 쌀알처럼 우연한 풍경은

애써 만든 작품인가도 싶다.

짙음은 곧 절정이다.

연푸르던 빛이 농익으며 푸르고 푸르러져

푸름의 최고치에 도달하면 짙푸른 빛이 되듯,

봄이 채 당도하지 않은 입춘(立春)에 맺혀

망종(芒種)에 거둔 매실은

스스로 짙푸른 여름이었다.

글·사진 이온, 『말문이 열리는 순간: 찰나에 어린 우리말 형용사』
이옹

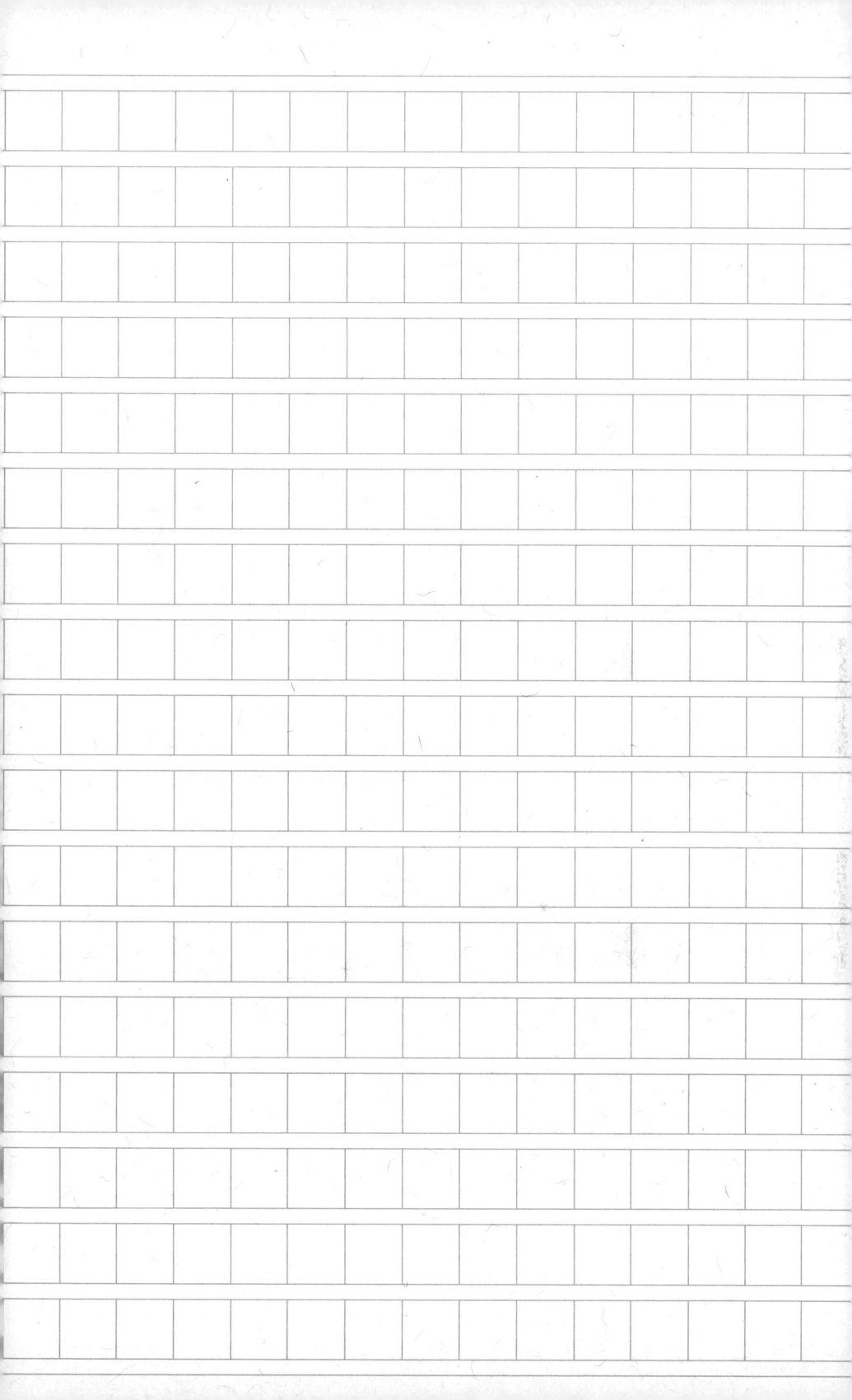

박지이 지음, 『불안을 섬기는 세계에서는 확인까지가 사랑이라』
문화다방

적당한 피로와 설렘이 공존하는 오후 한 시, 무엇을 해도, 하지 않아도 좋은 선물 같은 공백이다. 바람이 안개를 꼼꼼히 부려 놓아 도시는 회빛이고 푸른 꽃이 그려진 머그잔을 들어 진하게 우러난 작두콩차 한 모금 마신다. 크리스마스 이브 첫끼로는 마른 두부와 손가락보다 작은 당근을 구웠다. 아무 향도, 맛도 느껴지지 않는 장난감 같은 당근. 돌이킬 수 없이 먹어야 하는 일 인분이다.

포근한 기운이 감도는 주방에 맨발로 서서 보얗게 설거지를 할때면 새삼 사는 게 그럴듯하게 느껴진다. 그래, 나는 '이렇게' 살아 있는 것을 좋아하지. 조용하고 온기 있게 남아 있는 날들을 '이렇게' 보낼 수 있기를 소망한다.

집 앞으로 소풍을 다녀올 생각이야. 마른 리스, 액자, 조명에 대고 말한다. 바쁘지 않으면 잠깐 올 수 있냐는 언니의 연락을 받고 기다리기라도 한 듯 주저 없이 하늘색 니트에 초콜릿색 슬랙스를 꺼내 입으며 활기를 띠는 나의 집, 나의 생활.

카페로 향하는 길, 은빛 털복숭이가 너무 신나 라는 표정으로 꼬리를 제기처럼 나풀거리며 주인 얼굴을 올려다본다. 그래, 너에게도 한 번뿐인 생이지 않겠니. 산책하는 동물을 보면 마음이 누그러든다.

소중함을 알고 그 소중함에 기대어 살아갈 수 있는 사람이었으면, 엉망진창이 되더라도 포기하지 않고 계속 살아갈 수 있는 사람이었으면 좋겠다.

❛ **길정현 지음 『내가 좋아하는 것들, 그릇』**
스토리닷 ❜

내가 말하는 사장이란 우리가 흔히 생각하는
기업체를 경영하거나 사업장을 오픈하는 것만을
의미하는 것이 아니다. 자신의 삶과 환경을 스스로
선택하고 자신의 능력을 계발하고 성장해 가는 것,
그리하여 종국에는 내가 원하는 모습으로
살아가는 것이 인생의 사장으로 살아간다는
진정한 의미다.

소택언니·글로공명 지음, 『나는 사모님 말고 사장이 되기로 했다』
북심

나는 힘들고 어려운 일과 마주칠 때마다 밤하늘을 보며
위안을 찾는다. 저 달이 지고 다음 보름달이 뜨면,
또 그다음 보름달이 뜰 때쯤이면, 상황은 달라질 것이고
나 역시 괜찮아질 거라고. 도시의 광해에 맞서
자신만의 빛을 밝히는 별들처럼, 나도 지지 않을 거라고.

/
이주원 지음, 『별자리들』
꿈꾸는인생

김보리 에세이, 『혼자라는 가족』
다람출판사

무언가 된다는 것. 그건 이 미친 세상에서 품을 수 있는 마지막 희망일 수도 있지만 지옥이 될 수도 있다. 얼마 전 종영한 드라마 [인간실격]의 첫 대사는 이렇다.

'난 아무것도 되지 못했어요.'

나도 아무것도 되지 못했다. 그렇다고 누군가에게 항의를 받거나 질타를 받지는 않는다. 나의 죽마고우는 무언가 되기를 바라는 삶을 진즉에 버렸다고 했다. 애초에 무언가가 되지 못할 것이라고, 자신은 늘 누군가에 맞춰 살아갈 것을 너무 일찍 알아버렸다고 말했다. 나는 늘 무언가 되고 싶었다. 작가든, 교사든, 무엇이든. 무엇이 되지 않아도 된다는 말은 나에 대한 위로의 문장이다. 고로 나는 이렇게 쓴다. 무언가 되지 못해도 어떠랴. 삶이 주는 멀미를 잘 버티고 견뎌내는 것만으로도 우리 삶은 짧기만 하다. 나는 나를 고백할 용기가 없었다. 아니 솔직하지 못했다. 나에게도 타인에게도. 번뇌로 점철된 날들, 모진 말조차 내뱉지 못해 끙끙댔던 비굴한 모습, 제대로 저질러 보지도 못하고 애면글면했던 기억들을 미사여구로 포장하고 싶지 않았다. 젊은 시절 대의라 생각했던 것은 자기 합리화였으며, 세상과 타협하지 않으려 했지만, 삶의 법칙을 따라가는 치졸한 삶의 모습만 남았을 뿐이었으니까.

제 생각엔 전 정말 스스로를 고생시키는 일 벌이기를
좋아하는 것 같습니다. 저도 뇌성마비 때문에 저널리즘
분야에서 일하기가 더 어려울 거라는 사실은 알고 있었어요.
단지 그 사실이 도전하지 말아야 할 이유가 된다고는
생각하지 않았던 거죠. 결심은 언제나 확고했습니다.
언론인이 될 거야. 대학에 갈 거야. 그리고 독립적인 사람이
될 거야. 장애는 저를 이루는 큰 부분이지만 장애가 제 삶을
좌지우지하도록 내버려 둔 적은 없습니다. 어떤 사람들은
이런 제가 용감하다거나 용기 있다고 말할 겁니다. 하지만
전 그렇게 생각 안 해요. 그런 말을 듣는 것도 싫습니다.
용감하다는 말을 들을 만한 사람들은 차고 넘치니까요.
전 그저 제 삶을 살아가려는 사람일 뿐입니다.

리 리들리 지음, 우리동작장애인자립생활센터 번역팀 번역, 『로스트 보이스 가이』

책덕

3부. 읽고 쓰는 사람들

가장 낮은 자리에서 살아가는 평범한 사람들의 이야기는
나에게 삶이란 무엇인지 알려주었다.
나와 관련 없어 보이는 사람들의 이야기가 내 안에 들어왔다
나가면 신기하게도 살아갈 힘이 났다. 내 안에 쌓인 고민이나
문제들이 해결되지는 않았지만, 이상하게도 견딜 만해졌다.
삶이란 무릇 그런 것이라는 걸 그 이야기들이 알려주었기
때문인 것 같다. 무엇보다 그냥 좋았다. 책이 보여주는 그 깊고
넓은 세상이. 책을 향한, 오래도록 지치지 않을 이 사랑은
그렇게 시작되었다. 나를 그토록 힘들게 만들었던 시간 속에
지금의 나를 있게 한 씨앗이 함께 들어 있었다는 것.
그걸 떠올릴 때면 삶은 참 알 수 없고 얄궂다는 생각이 든다.

／
신아영 지음, 『나의 작고 부드러운 세계』
책과이음

나는 책이라는 오랜 지혜의 타임머신을 타고 미래로 시간 여행을 떠나는 느낌이었다.
한쪽 상단 벽에 다음과 같은 문장이 눈에 들어온다.
"이 작은 책은 언제나 나보다 크다."

| 김은우·김광연 지음, 『책방 사유』
| 북심

외로움에서 허우적댈 때, 책은 거의 유일하고 확실한
비상구가 되어주었다. 문학에서 여성 작가와 여성에
대한 이야기는 사소설이라는 꼬리표가 붙어 주류에서
밀려나 잘 보이지 않았다.
그런데 비상구를 열고 나가니 여성이라는 키워드의
문학 세상이 작고 선명하고 비밀스럽게 존재하고
있었다. 그들이 남긴 글은 어딘지 모르게 서로에게
보내는 편지 같은 데가 있었다. 보물찾기처럼 좋은
책 안에 또 다른 좋은 책의 목록이 있었고, 그 책들은
마치 생명체처럼 서로 보완하고 부연 설명하는
친구들 같았다.

," 김혜원 지음, 『아무도 불러주지 않는 내 이름을 찾기로 했다』 속
「여돕여의 세계」에서
느린서재

김성은 지음, 『어느 날 갑자기, 책방을』
책과이음

처음부터 능숙하고 무엇이든 잘하는 사람보다는, 빈틈은 많지만 마음이 끓는 사람들과 쇠붙이부터 모으는 재미가 꽤 쏠쏠하다. 아무래도 나는 천재적인 결과물보다는 엉덩이가 버텨낸 시간이 담긴 결과물을 구경하는 쪽에 마음이 가는 사람이지 싶다. 그래서 지칠 법도 한데 자꾸 함께 작당 모의를 하고, 작은 모임을 꾸리는 일로 시간을 보낸다. 이렇게 뭉근한 불로 끓여낸 시간을 쌓고 나면 우리는 조금씩 변하게 되겠지. 그 변화란 비록 인생을 뒤흔들 만한 크기는 아니지만, 적어도 묵직한 저금통 하나만큼은 확실하게 보장한다. 신 없이 사는 내가 믿는 종교다.

봄부터 혼자인 삶으로 돌아간다. 일도 결혼도 아이들 뒷바라지도 끝났고, 이제 인간으로 태어나 해야 할 도리는 거의 다 했다는 생각이 든다. 이제부터가 진짜 자유로운 인생 시작이다. 지금까지 어디에도 뿌리내리지 않았던 내가 자기가 나고 자란 집에 뿌리를 내린다면 어떤 기분이 들까? 아까와 같은 고독이나 외로움을 느끼며 살고 싶지는 않은데. 내게 만족감을 줬던 일과 자식 농사를 내려놓더라도 내 생명 자체만으로 충만감을 얻고 싶다. 나를 외롭지 않게 하는 그 무언가, 다른 것에 의존하지 않는 일생의 무언가를 찾고 싶다.

지금까지는 글쓰기가 있어서 괜찮았다. 책을 통해 나를 표현할 수 있으면 그것으로 충분했다. 앞으로 일의 수요가 확 줄어도, 더는 일을 하지 않아도, 더 나이가 들어 신체 활동이 내 맘대로 되지 않더라도, 뜻밖의 사회 변화나 천재지변이 일어나도, 평온한 마음으로 나름대로 만족하며 살아가길 바란다.

긴이로 나쓰오 지음, 박은주 옮김, 『시인의 텃밭』
차츰

박주영 지음, 『괄호 치고: 살아온 자잘한 흔적』
모로
....

글이 진실해야만 삶이 글에 스미고, 글도 세상에 스민다. 글과 삶의 혈액형과 유전자는 동일하다. 글에 거짓이 깃드는 순간, 글은 죽어버린다.

인스타그램에는 사연들이 넘쳐났다. 행복한 사연도 슬픈 사연도, 안타깝거나 동정적인 사연도, 모두 사각형의 프레임 안에서 비슷비슷했다. 사람들은 피드를 읽으며 웃거나 눈물을 흘리거나, 흐뭇해하거나 화를 내거나, 다른 사람들과 같은 사연을 나눴다. '좋아요' 한 번에 거기에 얽힌 사연은 간단히 해결되었다. 누군가의 죽음도, 누군가의 외로움도 마찬가지로. 혜나는 음악을 들으며 인스타그램에 글을 쓰기 시작했다. 말하지 않은 것들을, 수천 수만 개의 피드 속에 사라져버릴 진실 한 조각을.

박혜영 외 5인 소설집, 『내:색[내色] 감정에 색을 입히다』 속
단편소설 「붉은 국화」(박혜영)에서

아무책방

우리가 글을 잘 쓰고 싶다고 생각할 때 그것은 무슨 의미인가? 우리 자신을 위장하기 위해 글을 잘 쓰려는 게 아니다. 글을 쓰는 이유는, 그가 위대한 작가든 아니면 치유를 위해 글을 쓰는 사람이든 누군가와 가장 자기답게 소통하기 위해서다.

가장 자기답기 위해서, 그리고 그런 모습으로 상대와 소통하기 위해서 기교도 사용하는 것이다. 자기가 하고자 하는 말의 울림을 크게 하는 수단으로 문학적 기교를 도입하는 것이다. 그래서 기교도 타인의 것을 흉내 내기보다는 자신에게 가장 잘 맞는 것으로 선택해야 한다. 그런 게 아니라면 다시 기본으로 돌아와야 한다. 상대와 진솔하게 의사소통하기 위한 글로 고쳐 쓰기를 해야 한다.

| 박미라 지음, 『상처 입은 당신에게 글쓰기를 권합니다』
그래도봄

문학상을 받은 뒤 장편을 세 권 출간하고, 그로 인해
분에 넘치는 사랑을 받은 나는, 글쓰기는 그런 명예와
속세적 영광을 얻을 때만 해야 하는 것으로 착각했다.
그러나 글쓰기는 그런 게 아니었다. 그 모든 것과
상관없이, 눈이 오나 비가 오나, 기쁘나 슬프나,
원고에 대한 거절 메일을 받으나 받지 않으나,
마음을 언어로 옮기고 싶어서 환장하는 것,
그게 글쓰기의 본질이었다.

정아은, 『이렇게 작가가 되었습니다』
마름모

송승언 외 8인, 『먹고살고 글쓰고』 속
「사실 당신이 쓰는 글에는 별 가치가 없다, 내 글이 그렇듯이」(송승언)에서
빛소굴

당신을 감동시키고, 전율하게 만들었으며, 생각하게 했고,

의문스럽게 했으며, 화나게 했고, 짜증나게 했으며,

슬프게 만들었고, 기쁘게 만들었으며, 시시하게 만들었던

그 모든 것들에 대한 대답으로서 글을 써라.

그게 아마도 문학일 테니까.

책방 마당 옆 담벼락에 예쁜 벽화가 그려져 있었고
다음과 같은 문구가 쓰여 있었다.
"나와 다른 사람과 친구가 될 수 있을까."
책의 제목인 듯한 그 문구가 책방의 모든 것을
대변해 주는 느낌이 들었다. 문장은 의문형이지만
책방에 들어서는 순간, "친구가 될 수 있지."라는
마침표로 바뀔 것만 같은 기대감. 책방의 실내는 순간
낯설다기보다 안락하면서 누군가와 이야기를 나누고
싶은 분위기로 다가왔다.

김은우·김광연 지음, 『책방 사유』
북심

이따금 나는 이런 상상을 해본다. 책과는 인연이 없던 한 사람이, 우연히 구경 삼아 지혜의 집에 들어왔다가 운명을 뒤바꿀 책과 만나게 되는 모습을. 그래서일까. 지혜의 집에 들일 책을 고를 때면 나는 내 책을 살 때와는 확연히 다른 마음가짐이 된다. 바둑판 앞에 앉아 흑백의 돌을 손안에 굴리면서 어디에 놓을지 고심하는 바둑기사처럼 한없이 신중해지는 것이다. 운명까진 어쩌지 못하더라도 사막처럼 메말라 있던 누군가의 마음에 작은 풀 한 포기 심어줄 수 있는 책으로 서가의 빈 곳을 채워가고 싶으니까.

양지윤 지음, 『사서의 일』
책과이음

정아은, 『이렇게 작가가 되었습니다』
마름모
············

당시 썼던 글에 가독성과 재미가 부족한 건 당연한 일이었다. 그 글에는 내 '진심'이 없었다. 글의 가독성과 재미는 '진심'과 직결된다. 작가가 진정으로 하고 싶은 얘기를 할 때, 글에는 가독성과 재미가 따라붙는다. 아무리 날고 기는 작가가 써도, 진짜 하고 싶은 얘기를 쓰지 않는 경우, 가독성과 재미라는 2대 요소를 확보하기 힘들다. 글에서 가장 중요하다 할 수 있을 그 2대 요소는 단순한 테크닉에서 나오지 않는다.
테크닉은 가독성과 재미를 이루는 일부 요소는 될 수 있지만 충분조건은 되지 못한다.

나는 왜 글을 쓰는가? 이 시대에 나는 어떤 글을 써야 하는가? 글만 써도 되는가? 나는 어떤 글을 쓰고 싶은가? 고민을 하는 와중에도 나는 무람없이 산문을 쓰고 시를 쓰고 영어를 가르쳤다. 내가 글을 짓는 행위는 나를 짓는 일이다. 글을 쓰며 나는 나를 찾고 싶었다.

박선경 장편소설, 『정명혜 문학관』
아무책방

박미라 지음, 『모든 날 모든 순간, 내 마음의 기록법』
그래도봄

인간의 내면에는 어두운 측면도 있지만 밝은 빛도 있습니다. 의식 성장의 여정은 어둡고 긴 밤을 지나 궁극적인 빛을 향해 가려는 과정으로 이루어져 있어요. 어두운 밤바다 여행은 길고 위험해서 종종 빛이 필요합니다. 당신이 원한다면 온기를 주고, 길을 비춰줄 작은 등불을 만날 수 있을 거예요. 여행의 묘미는 이런 것입니다. 그 빛들을 만날 수 있는 글쓰기는 다음과 같습니다. 그동안 우리가 외면했던 것들에 대해 쓰는 거예요. 예를 들어 아주 사소하고 일상적인 것들, 그림자에 몰두하느라 외면했던 당신의 강점과 장점들, 그리고 미로에서 잃어버렸던 삶의 가치, 내면의 지혜 등이 그것입니다. 삶의 방향을 잃지 않으려고 할 때, 용기를 얻고 싶을 때 작업해보면 좋습니다.

내가 통과한 타인이 오늘 나의 글을 만들었습니다. 언제나
그렇겠지요. 사랑과 다정, 불안과 미움 사이의 많은 단어들을
떠올립니다. 우리는 그사이 어느 한 단어에 잠시 앉았다가
마침내 사랑으로 돌아오게 될 것입니다. 사랑의 자리에
앉아 다른 단어들을 바라보며 여러 날을 썼습니다. 수많은
단어와 사람들 사이에서 나는 이제 겨우, 그대로 있어도
괜찮다고 말할 용기를 냈습니다. 있는 그대로 내보이고 써볼
마음이 생겼습니다. 영원 같던 순간은 결국 순간이었음을
깨달은 후에야 쓸 수 있었습니다. 시간을 소화하는 데 다소
오랜 시간이 걸리는 나를 미워하지 않고 기다려줬습니다.
차갑거나 뜨거운 마음을 상온에 두고 천천히 식힌 다음,
알맞은 온도가 되었을 때 겨우 이렇게 써냅니다.
높고 낮은 여럿의 온도 사이에서 나는 참, 야속하게도 계속
나네요. 더는 바꿀 수 없는 것에 머물지는 않으려 합니다.
마음의 일교차는 가만 두고 보려고 합니다.
여전히 나의 낙관에는 많은 이유와 더 많은 핑계가
필요합니다. 다만 그것을 미워하지는 않을 수 있게
되었습니다.

───────
진서하,『상온보관의 마음』
발코니

내가 스스로 뿌리내리지 않고

당신이란 큰 나무 곁에 그저 기대어만 산다면,

나는 아마도 스스로를 좋아할 수 없게 되겠지.

그런 나를 당신도 여전히 사랑하게 될까?

이 질문은 불안이나 비관이 아니야.

나는 다만 더 나은 사람으로 당신과 함께하고 싶어.

그래서 내가 하는 일에 더 열심히려 해.

읽고 쓰는 일도 게을리하지 않을 거야.

당신 안에서 얻은 안정과 에너지를

꼭 다른 이들에게도 나눠주는 사람이 되고 싶어.

당신이 좋은 만큼, 더욱더 행복에 취해 주저앉지

않아야겠다 싶어.

도상희 에세이, 『나는 이제 울 것 같은 기분이 되지 않는다』 속
「수박 기념일」에서
책나물

'나를 사랑하자. 내가 나를 돌보자.' 호기로운 다짐을 했지만 나를 돌보는 일은 아이를 돌보는 것보다 훨씬 어려웠어요. 아이는 눈앞에 보이는데 나는 보이지 않았거든요. 아이의 불편은 바로 알아차릴 수 있겠는데 나의 불편은 어디에서 오는지 알 수 없을 때가 많았습니다. 하루의 모든 일정이 아이의 일과에 맞추어져 있는데 그 사이에 나를 돌본다는 것은 불가능에 가까웠어요.
아이가 잠든 밤이면 글을 썼습니다. 책도 읽었어요. 애써 내 시간을 만들었습니다. 가족 모두가 잠든 밤이면 식탁을 나의 공간으로 삼았어요.
'내가 좋아하고 잘하던 것은 무엇이었지?'
'나는 어떤 삶을 원했지?' '나에게 소중한 가치는 어떤 거지?' 스스로에게 질문을 던지고 또 던졌어요. 쉽게 답을 내릴 수 있는 질문도 있었지만 아직 오리무중인 것도 있습니다. 하나 확실한 것은 스스로에 관해 묻고 답하면서 비로소 내가 나를 돌보는 느낌을 받았다는 것입니다.

／ **허서진 지음, 『시의 언어로 지은 집』**
그래도봄

중도에 포기하지 않고 꾸준히 글을 쓰려면 일단
'글을 쓰는 내가' 즐거워야 하고, 나 자신이 관심 있는
주제여야 합니다. 있었던 일의 나열을 넘어,
나만의 시선이 글에 잘 담겨 있다면 독자의 마음을
공감으로 이끌겠죠. 어떤 장르든 마찬가지겠지만
에세이도 예외가 아니에요. 에세이는 일기와는 살짝
다르잖아요. 그저 있었던 일의 나열이 아닌,
일어난 일 안에서 느낀 나만의 생각과 관점을
끄집어내야 하잖아요. 내가 잘 알고 있는 주제를 택해야
자신의 관점을 글에 잘 담을 수 있겠죠.

이지니 지음,『에세이 글쓰기 수업』
세나북스

마크 트웨인, 차영지 옮김, 『어느 개 이야기』
내로라 출판사

고개를 들어 세상을 바라보게 하는 것. 그게 바로 문학의 힘이 아닐지 생각합니다. 이야기는 상상력과 공감을 불어넣어 이해의 폭을 넓힙니다. 세상의 부조리를 조명하여 변화를 꿈꾸게 합니다. 이 책을 통하여 불편한 현실을 들여다볼 용기를 얻게 된다면 좋겠습니다. 단정 짓기를 잠시 미뤄두고 대화를 나누어보기를 바랍니다. 책을 재료 삼아 각자 안에 다양하게 자리 잡은 윤리를 가만히 들여다볼 기회가 생기기를 기대해 봅니다.

왜 그는 불멸할 작품을 단 한 페이지도 만들지 못하는 것일까? 때때로 마치 무의식 깊숙한 곳에서 오로라와 같은 생각이 떠오르는 것처럼, 그는 피아노로 달려가 그 생각을 펼쳐놓고 소리로 옮겨 놓으려 했다. 그러나 그때마다 아무런 결실 없이 영감은 사라지고 말았다. 그러다가 우연히 아름답고 결정적인 한 가지 생각이 떠오르기라도 하면, 그것은 자신의 기억 속에서 반복되고 있으며 또한 그가 작곡했다고 상상한 다른 누군가의 작품의 메아리일 뿐이었다. 그러면 그는 분노가 차올라 몸을 일으켜, 예술을 포기하고 커피콩을 재배하거나 마차를 끌겠다고 맹세했다. 그러나 곧 10분도 지나지 않아 그는 다시 모차르트의 초상에 눈을 고정한 채 피아노 앞에 앉아 그를 흉내 내고 있었다.

마샤두 지 아시스 지음, 이광윤 옮김, 『정신과 의사』
빛소굴

삶은, 그리고 사랑은 완전한 실패에 다다르기 위한
노력에 불과할 수도 있다. 실패하고 또 실패하여야
마주할 수 있는 자신의 얼굴을 한없이 그리고 또
지우는 일일 수도 있다. 세상의 많은 예술가들이
그렇게 실패하고 실패하여 결국에 '실패의 완성'을
작품으로 남겼다. 사랑은 실패의 가장 훌륭한
오브제이자 본질이다. 실패의 붓이자 실패의
악기이고 실패하기 위한 분투, 그 열정의 불타는
거울이다.

강정, 『미치고, 지치고, 홀린』
마름모

애나 아카나 지음, 이민희 번역, 『슬프니까 멋지게, 애나 언니로부터』
책덕

솔직히 책상머리에 앉아 다음 영상을 구상할 때마다 아이디어가 바닥날까 봐 초조하다. 새로운 영상을 올릴 때마다 이게 마지막 영상일까 봐 두렵다. 하지만 이거 하나는 분명하다. 새로운 생각, 새로운 경험, 새로운 사람을 멀리하게 되는 때야말로 아이디어 고갈을 염려해야 할 시점이다. 변화에 지레 겁먹지 말고 배우며 성장하자. 그게 창작력을 살아 숨 쉬게 하는 유일한 길이니까.

글쓰기는
재능이 있는 사람과 없는 사람으로 나뉘는 게 아니라
끝까지 쓰는 사람과 포기하는 사람으로 나뉜다.

김재용 지음, 『내가 좋아하는 것들, 쓰기』
스토리닷

쉬운 마음으로 작가가 되고 싶었다. 어떤 글을 쓰고
싶다는 각오도 없었다. 그때그때 순간을 모면하는
글만 써왔다. 이제야 조금 무엇을 쓰고 싶다는 마음이
생겼지만 확신은 없다. 이쪽도 저쪽도 선택할 수 없는
나는 매일 흔들린다. 그럴수록 나의 그림자는 점점
깊어졌다. 빛을 향한 열등감은 사실 동경이었다.
깊은 그림자는 짙은 그늘이 된다. 농로에 흘러내린
산 그림자를 보며 어둠이 되기보다 그늘이 되자
생각해본다. 내 불안과 걱정으로 만들어진 그림자가
누군가에겐 시원한 쉼터가 되었으면 좋겠다.

남설희 에세이, 『오늘도 짓는 생활』
아무책방

우리에겐 한 마디 설교나 잠언보다, 한 편의 이야기가 더 필요한지도 모른다. 나는 우정이나 사랑을 정의하는 한 마디 말보다 한 편의 이야기를 통해 관계에 대해 천천히 들여다보고 내 나름의 생각을 덧붙여가는 과정이 더 좋다. '인생은 새옹지마'라는 말로 삶의 이치를 깨닫는 것보다는 한 편의 이야기로 단순하지 않은 삶의 진실을 만나는 편이 더 좋다. 읽는 이마다 고유한 감상과 해석을 만들어갈 수 있는 여백의 텍스트가 문학이라면, 나는 그런 이야기를 경계 없이 더 많이 만나보고 싶다. 그렇게 내 세계를 조금씩 확장해서 누군가와 더 자주 닿는다면 더없이 기쁘겠다. 오늘 아침 읽은 다니엘 페나크의 책 속 한 구절처럼, "사랑한다는 것은 결국, 우리가 좋아하는 것을 우리가 좋아하는 이와 나누는 것"이라 믿기 때문이다. 그러기 위해서 부지런히 읽고 부지런히 사랑하는 일을 오늘도 게을리할 수 없을 것 같다.

/ 신아영 지음, 『나의 작고 부드러운 세계』
책과이음

고수리 산문집, 『선명한 사랑』 속 「우리들의 책방 정경」에서
유유히

책방은 책만 파는 가게가 아니다. 책과 사람 이야기가 깃든 하나의 정경(情景)이다. 앞만 보고 바삐 걸어갈 땐 절대로 만나지 못한다지. 책 볼 겸 사람 볼 겸 오가는 발길이 익숙해질 때 이야기는 생겨난다. 계절의 정취와 동네의 정서와 책의 서정과 사람들 대화가 스민 이야기가.

한담을 나누다가 다 같이 하오에 쏟아지는 볕을 쬐던 가을,
붕어빵을 나눠 먹으며 첫눈을 보던 겨울,
커다란 책상에 모여 앉아 빗소리를 들으며 글 쓰던 봄,
소나기 지나간 밤에 동료들과 타닥타닥 글 쓰던 여름,
꿀에 잘 재워진 밤처럼 달게 포옹하던
다시 가을에 이르기까지. 언젠가 장소가 사라진다 해도 오래도록 그리워할 우리들의 책방 정경일 테다.

변두리에도 삶이 있다. 다들 중심을 보느라 정신이 없지만, 변두리에도 분명한 존재들이 있다. 변두리에서도 다들 사랑과 이별을 하고, 껵껵 웃다가 울음도 터뜨린다. 무엇보다도 나 자신이 가장 의심했지만 다른 누구보다도 나만이 가장 확신할 수 있는 사실 한 가지는, 변두리에도 작가와 독자가 있다는 것. 읽지 못하면 견디지 못하는 사람들, 쓰고 싶어 안달이 난 사람들이 있다. 우리는 이름난 작가도 아니고 자랑할 만한 서재를 갖고 있지도 않지만, 책방이 문을 연 시간이면 어김없이 하나둘 모여 동그랗게 둘러앉아 읽고 쓰기에 열중한다. 이제는 익숙한 풍경이건만 어떨 때는 감탄이 절로 나기도 하는, 그야말로 귀여운 변두리 풍경.

／ 김성은 지음, 『어느 날 갑자기, 책방을』
책과이음

책의 뒤에서 오늘도 울고 웃는 사람이 있다는 걸.
책이라는 건 너무도 많은 사람의 고민과 사랑이
아니면 나오기 힘든 이상한 물건이라는 걸.
그 이야기를 꼭 당신에게 전하고 싶다.

> 최아영 외 10인 지음, 『1인 출판사의 슬픔과 기쁨』 속 「에필로그」에서
> 느린서재

책은 혼자가 아니라는 사실을 알게 해줍니다.
또 세상과 연결하고 삶의 많은 것을 함께하고요.
특히나 저는 읽으면서 '나'를 인식하고,
타자와 공동체를 생각하고, 불안과 불행을 건너고,
어린이를 자라게 하고, 어른과 늙음을 관찰하고,
할 수 있는 일과 하고 싶은 일의 경계를
걷게 합니다. 삶의 가치와 해결하지 못할 문제들도
지나게 했고요. 이젠 읽는 일이
돈 버는 일과도 자기실현과도 관계되었네요.
더구나 책은 사람과 사람을 연결합니다.
무척 사람을 가리는 저에게 여러 동료와
좋은 사람을 만나게 한 것도,
지금 우리와 여러분을 연결하는 것도 책입니다.

❝ **구선아·박훌륭 지음, 『책 읽다 절교할 뻔』**
그래도봄 ❞

4부.
연결되는
우리

슬로보트 산문집, 『순면과 벌꿀: 돌아오고 싶은 집을 만드는 방법』
어떤우주

크게 빛나지도, 모나지도 않은 것이 보통의 의미라고 생각했는데 한참 잘못 짚어 왔다는 것을 깨달았다. 사람들이 생각하는 보통이란 생각보다 지나치게 완벽한 상태이고 실제의 보통은 조금은 더 남루하고 한심스러워도 되는 것이었다. 때로는 이만하면 됐다 싶은 지점과 도저히 이대로는 안 될 것 같은 지점을 부지런히 오가는 것이 진짜 보통의 상태였다.

(…)

밋밋하고 심심하지만 큰 고통 없는 무엇이 아니라, 두려워하면서, 때로는 벌벌 떠는 손을 잠재우려 주먹을 꼭 쥐고 원하는 것을 향해 애쓰며 간다. 그러다가 때로는 누군가에게 기대고 내민 손을 잡으며 간신히 나아간다. 세상의 수많은 보통은 그렇게 만들어진다. 모두 평등한 간절함과 망설임으로 만들어진다.

왜 소수자를 보호해야 하냐고? 사실 이 질문은 처음부터 잘못됐다. 잎이 없고 피부가 없으면 유기체가 죽고, 암흑물질이 없으면 우주가 존재하지 않듯, 다수가 소수자를 보호하는 것이 아니다. 소수자가 그들을 보호한다. 아니, 그저 서로가 서로를 도우며 살아갈 뿐이다.

| 박주영 지음, 『어떤 양형 이유』
모로

아침저녁으로는 춥고 낮엔 덥다. 지금 이 계절은 겨울 목도리와 여름 샌들 사이 어디쯤 있나 보다. 우린 지금 어디쯤 서 있을까? 우린 어느 계절에 있는 걸까?

서윤미 지음, 『나의 히말라야에게』
스토리닷

밭을 가꾸다 보면 이런저런 생각이 떠올라 재미있다. 지금까지 겪은 일, 인간관계, 인생에 대해서 두루 생각하게 된다. 새로운 발견이나 난생처음 깨닫는 것들도 있다. 결국 밭에서는 채소만 일구는 게 아니다. 마음도 가꾸고 마음속 무언가를 꾸준히 키워낸다. 그건 밭일이 아니어도 어떤 일을 하든 마찬가지다. 꼭 일이 아니어도 살아가는 데 마음을 쏟는다면 비슷한 방식으로 발전해 가리라 믿고 싶다.

어디서 무엇을 하든 우리는 살아갈 수 있다. 그것만 깨달으면 무슨 일이 닥쳐도 괜찮다. 이것이 아니면 안 된다는 생각이 사라지기 때문이다. 무엇이든, 어떤 존재라도, 우리는 어디든 갈 수 있다. 그곳에 가 닿을 수 있다.

긴이로 나쓰오 지음, 박은주 옮김, 『시인의 텃밭』
차츰

수잔 글래스펠 단편 소설, 차영지 옮김, 『마음의 연대』
내로라 출판사

어떤 공감은 구원이 됩니다. 공감은 연대를, 연대는 용기를, 용기는 변화를 불러오기 때문입니다. 모두 다른 삶을 살고 있지만, 결국은 같은 마음으로 견디고 있을지 모릅니다. 작품을 읽고 드러낼 용기를 얻게 되시기를 바랍니다. 나서서 공감할 용기를 얻게 되시기를 바랍니다. 자신을 부정하기 위해 서로를 부정하는 행위를 그만두고, 서로의 삶에서 자신을 찾으시길 바랍니다.
변화는 단번에 이뤄지지 않습니다. 공감도 그렇고 연대도 그렇습니다. 공감의 구원을 얻는 것은, 지속해서 비밀을 내보일 만큼 강인한 사람들만이 누릴 수 있는 소중한 보상일지도 모릅니다.

우동의 가장 큰 매력은 단순함이다. 면의 재료는 밀가루와
물, 소금이 전부다. 멸치와 말린 생선, 간장 등으로
맛을 낸 육수나 다양한 토핑을 곁들이기도 하지만,
중심은 결국 면이다. 특히 가가와의 옛 지명 '사누키(讚岐)'를
붙인 '사누키 우동'의 면은 두께가 두툼하고,
표면은 살아 있는 오징어처럼 매끈하며, 속은 탄력이 넘친다.
후루룩 삼켰을 때 찰랑거리며 내려가는 목 넘김이 예술이다.
아무리 맛있는 고명을 올려도 면이 어설프면
형편없는 우동이 되고, 반대로 면이 맛있으면 간장에만 찍어
먹어도 훌륭한 우동으로 친다.
현란한 테크닉도, 별다른 양념도 없이 흰 면만 덩그러니
올라간 우동 한 그릇은 무엇이든 화려하고 자극적인 것을
추구하는 현대 사회에 본질의 중요성을 다시금 일깨워 준다.

이예은 에세이, 『다카마쓰를 만나러 갑니다』
세나북스

다 포기하고 싶고

환멸을 느낄 때도 있습니다.

괜찮습니다.

삶의 자연스런 흐름입니다.

휴식하세요.

하루 정도는 무기력과

멍 때리기를 허용하세요.

스스로에게 친절하세요.

하루가 지나면 다시

열심히 해볼 용기와 힘이 생길 것입니다.

| 용수 지음, 『용수 스님의 곰』
스토리닷

슬로보트 지음, 김성라 그림, 『고르고르 인생관』 속 「긍정적이고 강한 마음」에서
어떤우주

좋은 것이 찾아왔을 때는 마음을 푹 놓고 한껏 즐기고,
좋지 않은 일이 찾아왔을 때는
스스로를 키우는 양분으로 삼는 네가 놀라워.

인간에게는 공평하게 슬픈 일이 찾아오잖아.
사랑하는 사람들은 곁을 떠나고,
소중한 물건은 닳아 없어지게 마련이지.
하지만 너는 한때나마 사랑을 줄 수 있는 사람이 있었고,
정말 마음에 드는 무언가를 가져 봤던 것을 고마워하는 사람이야.
그래. 얻는 것과 잃어버리는 것은 함께 연결되어 있으니까.
너는 그것을 알고 있는 거야.
둘 중 하나가 없으면 나머지도 없고,
사라진 것은 새로 생겨나는 것들의 이유가 된다는 것을.
어두워 보이지 않는 뿌리와 햇빛, 푸른 이파리는
연결되어 있으니까.
어떤 일들은 무조건 일어나게 마련이고
그것을 어떻게 겪어 낼지 결심하는 것은 인간의 일.
괴로운 일이 모두 지나가면,

너와 같은 사람을 이해할 수 있는 힘이 생기지.

좋은 에너지는 나를 통해 반드시 다른 사람에게
전해진다. 그렇게 연결되는 관계의 지속성은
도시에서도 농촌에서도 가장 필요한 부분이다.
가능하면 경쟁하지 않고 서로를 응원하며 다양성을
존중하는 태도였으면 한다.

' 정광하·오남도 지음, 『시골살이, 오늘도 균형』
차츰

가끔 다른 사람의 신발을 신어본다. 큼직하고 말끔한
동생의 신발, 발등은 반듯하고 안창이 움푹해서
믿음직스럽다. 종종걸음이 몸에 밴 엄마의 신발, 뒤축은
구겨지고 밑창이 자주 닳아 안쓰럽다. 또 가끔은
다른 사람들의 신발을 오래도록 바라볼 때가 있다.
사는 게 팍팍하다 해도 잘 살아보고 싶어서
발 아프게 열심히 일하던 걸음들. 생의 뒤편에서
뒤꿈치에 반창고를 붙이고 종아리를 주무르던
예전의 내가 지나가는 사람마다 겹쳐 보인다.
전철에서, 터미널에서, 시장에서, 쇼핑몰에서,
웨딩홀에서, 거리에서 가만 바라보고 있자면
'다른 사람의 신발을 신고 오래 걸어보기 전에는
판단하지 말라'던 경구가 가슴 아프게 찌른다.
우리는 저마다 생의 무게를 버티며 걷고 있구나.
누군가의 뒤꿈치에서 문득
그 사정을 알아채는 순간이 있기에.

고수리 산문집, 『선명한 사랑』 속 「다른 사람의 신발을 신어보기」에서
유유히

마흔이 넘어서 사귀는 우정은 깊은 맛이 난다. 아주 진하고 다양한 풍미를 가진 음식처럼. 이제 내가 어떤 사람인지 명확해지기 시작했으니 어떤 친구를 원하는지도 명확해진다. 내 친구들은 폭발적으로 늘고 있고, 보는 것만으로도 대단하고 활기찬 기분이 든다. 몇 년 동안 존경해왔던 나이가 나보다 많은 여성들과 친구가 되었고 그들의 경험으로부터 많은 것을 배운다. 그들의 삶을 샘물 삼아 퍼마신다고 할 수 있다. 나에게 호르몬, 좋은 휴양지, 목 크림에 대해 알려준다. 나는 수심이 깊은 곳에서 헤엄치는 사람들에게 관심이 많다. '진짜' 일을 경험한 사람들과 '진짜' 중요한 일들에 대해 대화하고 싶다. 영화니 친구들의 소문에 대한 수다는 질린다. 삶은 녹록지 않고 복잡하며, 무엇보다도 맛있다.

에이미 폴러 지음, 김민희 번역, 『예스 플리즈』
책덕

김승 외 5명, 『달리다 보면』
꿈꾸는인생

달리다 보면, 빙빙 도는 트랙 안에 점철되어 있는 무수한 달리기의 순간들을 마주한다. 학창 시절, 쉬는 시간 종이 울리자마자 괴롭힘을 피해 도서관으로 향했던 달리기, 시험 등수가 게시판에 붙을 때면 기대 반 두려움 반으로 복도로 향했던 달리기, 갑작스런 아버지의 죽음이 황망해 쓰러지기까지 멈추지 않았던 달리기, 반복되는 일상 가운데 번민하며 다 털어 내기 위해 했던 달리기…. 그 밖에도 어제와 오늘에 이르기까지 무수히 달려온 매일의 수많은 내가, 여전히 같은 자리에서 달리고 있음을 본다. 그러면 나는 차마 그들이 홀로 달리도록 두질 못한다. 함께 달리고, 이야기를 나누고, 그 순간에 빠져든다. 아니, 어쩌면 그들이 나를 홀로 달리도록 내버리지 않고서, 함께 오늘의 달리기를 이룰 수 있게 하는지도 모른다.

나는 우주비행 훈련을 받았으며 극미 중력 연구를 수행했고
로켓, 우주선, 달 착륙선, 인공위성, 우주기지, 우주복 등을
접할 수 있는 기회를 얻었을 뿐만 아니라 이 경험과 성찰을
세상과 공유하는 행운도 누렸다. 나는 불과 몇십 년 전까지만
해도 <스타 트렉> 같은 공상 과학 영화에서나 존재할 법한
산업에서 경력을 쌓은 것이다. 이런 이야기를 만들어낸
작가들은 인류 발전의 한계를 탐구하는 미래를 상상했다.
이 같은 진보와 생존뿐만 아니라 번영을 꿈꾼 바로 그 희망
때문에 우리는 계속해서 우주를 탐험하고 있는 것이다.
나의 직업적 여정은 우주 탐사를 하기 위해 특정한 학위나
경력은 필요하지 않다는 증거이다. 우주는 모두의 것이며
우주는 인류의 과거이자 미래다. 아폴로호가 그런 것처럼
우리의 다음번에는 재능 있는 예술가, 공학자, 그리고 그
사이에 있는 모두를 필요로 할 것이다. 우리 모두가 각자의
자리에서 다음번 거대한 도약을 할 수 있을 것이다.

／켈리 제라디 지음, 이지민 옮김, 『우주시대에 오신 것을 환영합니다』
헤윰터

절묘하게 아름다운 것은 무엇이든 그 이면에 어떤 비극을 간직하고 있다. 아무리 초라한 꽃이라도 피어나려면 온 세계가 진통을 겪지 않을 수 없다.

| 오스카 와일드 장편소설, 이근삼 옮김, 『도리언 그레이의 초상』
빛소굴

연정, 『내일은 내일의 해가 뜨겠지만 오늘 밤은 어떡하나요』

발코니

퇴근길 버스. 저녁은 뭘 먹을까 고민하며 행복한 기분을 즐기는데, 앞에 앉은 사람이 연신 얼굴을 닦는다. 푸른색 소매는 남색으로 짙어져 간다. 다급한 움직임이 점점 잦아들더니 이내 엉엉 울기 시작했다. 놀란 마음에 시선을 고정했다가 서둘러 치운다.

몸보다 큰 슬픔이 덮치면 본능적으로 울게 된다. 감정을 토해내며 슬픔의 몸집을 작게 만든다. 토해내지 않으면 잡아먹힐 테니까. 슬픔은 눈물만 먹어도 살이 찌는 체질이거든.

세상에는 슬픔의 총량이 정해져 있다.

공평하게 하루가 주어져도, 누군가 웃으면 누군가 울게 된다. 오늘 내가 웃고 있다 해서 타인이 슬퍼할 때 힐끔거리지 않는다. 건네줄 휴지도, 용기도 없어서 무심한 척 시선을 거둔다.

기둥을 붙잡고 슬픔을 토하고 있는데, 애교 범벅된 통화 소리가 등을 두드려댔다. 다들 웃고 있는데 나만 볼품없이 울고 있는 하루가, 누구에게나 온다.

수많은 질문과 기다림 끝에 듣게 된 아이들의
이야기는 30년 전의 나보다 훨씬 자기 자신을
사랑하고, 누구보다 주도적으로
살고 싶어 한다는 것을 알게 했다.
요즘 아이들은 꿈이 없다, 무기력하다,
구제 불능이다, 예의 없다 등으로 평가하는 말들은
어른들의 무관심과 무책임을 덮기 위한 가짜뉴스였다.
아이들은 좋은 질문을 통해 살아 움직이는
꿈을 꾸고 싶어 한다. 다만 답하고 싶은 질문을
받아본 적이 없었고, 있는 그대로 들어주는
어른을 만나지 못했던 것이다.

김금선 외 22인, 『우리 아이 미래 교육, K-하브루타가 답이다』
혜윰터

우리한테는 우리를 둘러싼 마을과 숲과
들과 하늘이 교과서요 책이며 학교입니다.
겨울을 나고 새봄에 씩씩하게 돋는 잎사귀가 교과서요,
나물을 훑는 손길이 책입니다.
꽃내음을 알아차리고, 흙을 두 발로 밟으면서
두 손으로 어루만지는 하루가 온통 학교입니다.

최종규 지음, 『시골에서 책 읽는 즐거움』
스토리닷

"비정상을 정상으로 바꾸려는 노력이라는 걸,
그들은 알려고도 하지 않았다."

배명은 외 4인, 프롤레타리아 장르 단편선 『어느 노동자의 모험』 속
「삼도천 뱃사공 파업 연대기」(배명은)에서

구픽

흡혈마녀늑대 글, 요물공쥬 그림, 『늙은 웹기획자』
아무책방
··········

우리 회사 앞에서도 사람들이 데모를 한다. 언제부턴가 그렇게
되었다. 부당한 일을 당한 사람들, 억울하게 회사에서 잘린 사람들,
다시 회사에 나오고 싶은 사람들……. 나는 이제 빌딩을 돌아서 간다.
그들 앞에서 당당히 회사에 들어가기는 뭔가 민망하다. 그렇다고
옛날처럼 용감하게 캔커피를 건넬 수도 없다. 그런 식으로
내 모습을 드러내면, 다음 차례는 어쩌면 내가 될지도 모른다.
못마땅한 눈빛으로 빌딩 앞을 사수하는 경비원들, 스타벅스 커피를
들고 무심하게 지나치는 직원들, 늘 있던 장소에서 어디론가 가버린
노숙자들, 그리고 회사를 빙 돌아 몰래 들어가는 내 모습.
가끔씩 그런 내가 부끄럽게 느껴진다. 그들은 적어도 싸우고 있었다.
자신들의 일할 권리를 위해, 정당한 보상과 평등을 위해,
사람답게 살 수 있는 세상을 위해.
나는 싸울 힘이 있을까. 일도, 싸움도, 데모도, 뭐든지
열심히 해야 한다. 시키면 시키는 대로, 욕하면 욕을 먹은 채로,
상사가 나를 한심해하면 한심한 사람이 되어 살아왔다. 싸움보다는
포기가 익숙했고, 주장보다는 수용이, 공격보다는 항복이 내게 더
어울린다고 생각했다. 이 익숙함을 벗어나, 나는 다른 가치를
입을 수 있을까. 있는 힘껏 싸우는 사람들에게 몰래 캔커피 하나쯤은
건네줄 수 있는 사람이, 다시 될 수 있을까.

"너는 아비와 어미가 순사에게 잡히는 혹정으로 그 꼴이 났는데 이 세상이 무섭지 않으냐?"

"혹정이 무어 무섭습니까? 혹정은 무서운 게 아니라 더러운 겁니다. 스님은 길가에 질펀하게 싸질러진 똥을 보고 눈썹을 찌푸리면 그게 똥이 무서워서입니까? 어리석고 못난 것들이 권세를 잡았다고 어리석고 못나지 않게 되는 것이 아닙니다. 오히려 더 무식하고 모자라지는 것입니다. 그런 놈들에게 무섭다, 무섭다 해 주면 자기들이 진짜로 무섭고 뭐라도 되는 줄 알고 콧대가 높아지다 더 큰 업보를 쌓는 노릇이니 스님께서는 허튼소리일랑 꺼내지도 마십시오.
더러운 놈에게는 더럽다고 해 줘야 옳은 말이지 않습니까."

홍지운 외 4인, 일제강점기 장르 단편선 『절망과 열정의 시대』 속
「백호서낭반혼전」(홍지운)
구픽

희석, 『우리는 절망에 익숙해서』
발코니

정치가 싫어서, 정치는 복잡하고 싸움만 하는 것 같아서, 그놈이 그놈이라서 시선을 돌리면 속은 편할지 모른다. 다만, 그러는 동안 투표권이 없는 세대는 자신의 미래를 내게 저당잡힌 채 기다려야 한다. 이토록 자명한 사실을 종종 깜빡한다.

나의 선택은 미래 세대에게 고스란히 돌아간다. 방금 내가 과거의 기득권들 때문에 우리가 지금 절망에 익숙해졌다고 지적한 것처럼, 나 또한 그 화살의 과녁이다. 다 망한 나라에 무슨 희망이 있겠느냐고 자조하기만 한다면 훗날 나는, 무너지는 나라를 방치한 세대로 기억될 것이다. 그래서 더욱 희망이라는 단어에 집착해 보기로 했다. 대통령 선거나, 총선, 지방선거 등이 내 뜻과 다르게 종결됐더라도 절망에 익숙하다는 이유로 손놓지 않을 것이다. 똑똑히 지켜보고 감시하고 화내고 기록하고 목소리 높이는 사람이 되고 싶다. 적어도 아무것도 안 한 그런 부끄러운 어른으로 기억되고 싶지는 않다. 이 책은 그 다짐의 출발이다.

"언제까지 죽지 못해서 이 짓을 할 거예요?
벌써 수십 개월째 강행군이라고요. 대체 우리가
왜 그렇게까지 해야 하는 건가요? 살기 위한
최소한의 선을 만들자는 거예요. 저승에
우리 의견을 내어 협상하자는 거죠. 월급 인상과
적정 인원 투입으로 이뤄지는 적정 근로 시간 및
안전한 근무 환경!"
"뭐 하자는 거야? 자네도 이런 말 같지 않은
말에 물든 게야?"
"그전부터 꾹꾹 참았는데 이젠 도저히
참지 못하겠습니다. 저승 높으신 분께 건의한 지가
언젠데 나 몰라라 하는 게 말이 안 되지요.
말로 안 되면 행동으로 보이는 수밖에 없습니다."
"계란으로 바위 치는 일이란 건 잘 압니다. 하지만
싸워보지도 않고 가만히 있을 수는 없잖아요."

배명은 외 4인, 프롤레타리아 장르 단편선 『어느 노동자의 모험』속
「삼도천 뱃사공 파업 연대기」(배명은)에서
구픽

겨울은 우리 안의 장식적인 것을 모두 걷어낸다. 우리가
느끼는 상처의 일부에서 부드러운 것이 자라기도 한다.
우리 이웃들과의 연대는, 강하든 약하든, 연인이나 친구와의
사이처럼 강해진다. 무시하기에는 사정이 너무 다급하기
때문이다. 도로를 이탈한 픽업트럭을 타고 있는 낯선 이의
언 발을 문질러준다. 음식 다질 때 쓰는 도구와 도끼를
이용해 수극을 열어주고 친구의 얼어붙은 수도관을 녹여주고
목동들에게 장갑과 담요를 가져다준다. 영하 20도나
30도 아래에서는 우리가 주고받는 숨결이 눈에 보인다.
나의 모든 숨결과 당신의 모든 숨결이.
무언으로 친밀감을 표현하기 좋은 방식이다.

／
그레텔 에를리히, 노지양 옮김, 『열린 공간의 위로』
빛소굴

쉐타오 글, 왕샤오샤오 그림, 정이립 옮김, 『나의 작은 산양』
책과이음

석양은 불타오르지만 아무것도 태우지 않았다. 가까이 있지만 결코 다른 영역을 침범하지 않았다.

그런가 하면 무지개는 겨우 일 분 동안만 모습을 드러냈는데, 아기 산양은 무려 한 시간 가까이 그 자리에 멍하니 서 있었다. 아기 산양은 무지개가 사라졌다는 사실을 받아들이기 어려웠는지 나중에는 눈물을 흘리고야 말았다.

아름다운 것들은 모두 순간이지만, 그걸 사랑하는 우리의 마음은 영원할 수 있지.

내가 말하자 아기 산양은 비로소 눈물을 멈추고 웃어 보였다.

기어이가 주먹이라면 **기꺼이**는 보자기다.
흔쾌히가 기운찬 폭소라면 **기어이**는 잔잔한 미소다.
꺼이꺼이가 슬픔에 겨운 통곡이라면
기꺼이는 그 슬픔을 나누는 흐느낌이다.
기꺼이는 함께 웃고 같이 울자며
두 팔 벌려 다가가는 말이다.

글·그림 장세이, 『맛난 부사: 우리말 부사 미식 여행』
이응

우리는 누구나 죽는다는 걸 알면서도 그것이 당장은
내 일이 아니기를 은근히 바라거나 외면하며 산다. 그러나
언제 어떻게 삶의 마지막 순간이 올지는 아무도 모른다.
누군가에게 내 생명을 나눠주고 떠날 수 있는 건, 삶에 대한
마지막 진지한 예의이며 죽음에 대한 겸손한 인사일 것이다.
나는 죽어서 말라비틀어진 나무가 된다 해도 그 나무를 타고
능소화가 여름마다 아름다운 꽃을 피울 수 있다면
얼마나 멋진 일인가.
언제부터인가 능소화가 활짝 필 때마다 나는 그 꽃나무를
굳게 올려주는 '그 어떤 죽은 나무'에 대한 고마움을 느낀다.
꽃으로 피는 것도 좋지만 다른 꽃을 필 수 있게
떠받쳐줄 수 있어도 좋을 일이다.

김경집 지음,『삶이 내게 잘 지내냐고 물었다』
그래도봄

함께해 준 출판사들

이 책에는 모두 24군데 출판사들이 함께했습니다.
각 출판사의 간단한 소개와 홈페이지, 인스타그램 계정을
출판사 이름의 가나다순으로 정리하였습니다.
'발견하는 마음'으로 출판사의 새로운 책을 만나보는 것도 좋겠습니다.

구픽

"주류의 바깥, 장르의 내면"
지금은 덜 알려졌지만 오래 남을 이야기들을 묵묵히, 끝까지 만드는 1인 출판사.
www.gufic.co.kr
@gufic_pub

그래도봄

볼 것 많은 세상에서 그래도 보고 싶은, 속도가 아닌 깊이를 선택하는 사람들을 위해 책을 만듭니다. 고단한 마음을 다독이고 성장을 돕는 책, 위로와 기쁨을 전하는 책, 눈길이 가는 아름다운 물성을 가진 책을 만들기 위해 노력합니다.
www.gbom.kr
@graedobom.pub

꿈꾸는인생

7년 차 1인 출판사.
즐거움과 위로를 얻고, 나아가 삶의 소망을 새롭게 발견할 수 있는 책을 꿈꿉니다.
@life_withdream

내로라 출판사

"단숨에 읽고, 깊어지자."
변화를 일으킨 고전 단편 소설을 찾아 원서와 나란히 냅니다. 사색부터 독서 모임까지 가능하도록 깊은 이해를 위한 덧붙임 글을 함께 담았습니다.
@naerorabooks

느린서재

느리게 읽고 가만히, 가득히 채워지는 책을 만드는 출판사, 느린서재입니다. 천천히 오래 읽을, 다정한 책을 당신에게 소개합니다. 바쁜 시간 사이에서, 단단한 쉼을 줄 수 있는 책을 만들어 갑니다. 느리게 세상을 바꿔 가는 책이 여기에서 기다립니다.
@calmdown_library

다람출판사

다람출판사는 인문교양, 사회과학, 문학 도서를 출판합니다. 다람쥐가 도토리를 모으듯 좋은 이야기를 모아 사람들 마음에 참나무처럼 뿌리내릴 수 있는 책을 만들어 나갑니다.
@darambooks

마름모

"평행하는 선들은 결국 만난다"
서로 팽팽하게 평행선을 달리던 대결 구도들이 마름모의 세계관 안에서 합의점을 찾게 만드는 문학, 인문, 교양 도서를 펴냅니다.
blog.naver.com/marmmopress
@marmmo.press

모로

모로 가는 마음들을 위한 책을 만듭니다.
blog.naver.com/morobooks
@morobooks

문화다방

文畵茶坊. 10년 차 1인 독립출판사. 작고 희미한 빛이 꺼지지 않길 바라는 마음으로, 오래 소장하고 싶은 책을 만듭니다.

blog.naver.com/moonzakka
@munhwadabang

발코니

"경계에 서서 가장 먼저 우주를 맞이하는 곳."
독립출판사 발코니는 #지역 #여성 #청년 세 가지 키워드를 중심으로 책을 만듭니다.

balconybook.com
@balcony_book

북심

작지만 깊게, 삶을 읽고 생각을 여는 1인 출판사.
삶의 본질을 묻고, 그 질문에 오래 머무는 책을 만듭니다.
생각이 머무는 자리, 마음이 향하는 길—그 중심에 북심이 함께합니다.

@book_sim

빛소굴

"완독으로 이끄는 재미, 정독으로 느끼는 감동."
해외문학의 새로운 지평을 여는 문학 전문 출판사, 빛소굴.

@bitsogul

세나북스
"세상에 필요한 책을 만듭니다"
일본 문화와 일본어 관련 책을 많이 만듭니다. 항상 새로움을 추구합니다.
blog.naver.com/banny74
@sujin1282

스토리닷
마음에 울림이 있는 책을 만들고 싶습니다.
blog.naver.com/storydot
@storydot

아무책방
"아무나 책을 읽고, 누구나 글을 쓸 수 있으며, 모두가 꿈꾸는 세상을 만듭니다."
이야기가 있는 책을 담아내는 1인 출판사.
@amubooks

어떤우주
우주의 판형을 고민합니다. 사람들은 모두 마음속에 작지만 그만이 가지고 있는 우주가 있습니다. 어떤우주는 각자 간직하고 있는 우주를 찾아 책의 형태로 만들어 나갑니다.
blog.naver.com/etujubook
@et.uju.book

유유히

"독자의 작은 가능성을 위한 책을 만듭니다."
삶의 비하인드를 조명하는 에세이를 중심으로 만화, 소설, 사회학, 브랜드 등
다양한 분야로 유유히만의 색을 만들어가고 있습니다.
뉴스레터 [유유히톡] uuhee.stibee.com
@uuheebooks

이응

더 많은 독자가 우리말의 아름다움과 쓸모를 되새기는 길에
발밤발밤 동행하는 벗이 되고자 하는 장세이 작가의 1인 출판사입니다.
@oioiobooks

차츰

지역 1인 출판사. 조금씩, 천천히, 올곧게 나아가는 소리 '차츰'처럼 더디더라도
단단하게 영근 글을 소개하고자 합니다.
@chachum_books

책과이음

"책과 세상을 잇습니다!"
1인 출판사 책과이음은 평범한 자리에서 주저하고 머뭇거리며 살아가는 이웃들의
이야기로 우리 사회에 다양한 시선을 더해나가고 있습니다.
blog.naver.com/bookconnector
@book_connector

책나물

"미지근하게 오래오래, 열심히 재밌게."
글쓴이 고유의 빛깔을 담아낸, 따뜻하고 아름다운 책(한국문학)을 출간하는
1인 출판사.

blog.naver.com/booknamul
@booknamul

책덕

보통이 아닌 사람들의 툭 튀어나온 모서리 같은 책을 만듭니다.
이상하고 멋진 것을 찾아서.

bookduck.kr
@bookduck.kr

혜움터

재미와 의미, 공감과 연대, 더불어 사는 세상의 가치를 담아
생각이 풍요로워지는 책을 만드는 출판사입니다.

@hyeumteo

The작업실

The작업실은 삶의 다양한 순간을 담아내는 1인 출판사입니다. 우리는
일상, 가족, 엄마, 이별 그리고 인생의 크고 작은 이야기를 통해 독자들에게
위로와 공감을 전합니다.

@jakupsil2020

작은 출판사에서 태어난 아름다운 글 111

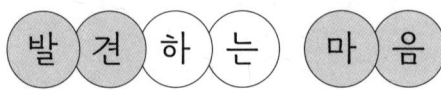

초판 1쇄 발행 2025년 9월 12일

엮은이	봄동이
펴낸이	이세연
편 집	김화영
디자인	박나나
제 작	npaper
펴낸곳	도서출판 혜윰터
주 소	경기도 부천시 소사구 소사로 257, 6층 C08호
이메일	hyeumteo@gmail.com
인스타그램	@hyeumteo

ISBN 979-11-989942-4-0 (03810)

* 이 책은 저작권법에 따라 보호받는 저작물이므로 무단 전재와 복제를 금지합니다.
  이 책 내용의 전부 또는 일부를 이용하려면 반드시 사전에 저작권자와
  도서출판 혜윰터의 서면 동의를 받아야 합니다.
* 값은 뒤표지에 있습니다.
* 잘못 만들어진 책은 구입하신 서점에서 바꿔드립니다.